青少年优秀科普读本

走近在川两院院士丛书

塑料之父

中国科学院院士 徐 僖传

傅佳妮 著

四川科学技术出版社
·成都·

图书在版编目（CIP）数据

塑料之父：中国科学院院士徐僖传 / 傅佳妮著 . ——
成都：四川科学技术出版社，2022.10
ISBN 978-7-5727-0718-6

Ⅰ.①塑… Ⅱ.①傅… Ⅲ.①徐僖（1921-2013）—
传记 Ⅳ.① K826.13

中国版本图书馆 CIP 数据核字（2022）第 177738 号

"走近在川两院院士"丛书

塑料之父

中国科学院院士徐僖传

SULIAO ZHI FU

ZHONGGUO KEXUEYUAN YUANSHI XUXI ZHUAN

著　　者　傅佳妮

出 品 人　程佳月
责任编辑　胡小华
责任出版　欧晓春
封面设计　李玧乐
出版发行　四川科学技术出版社
　　　　　成都市锦江区三色路 238 号　邮政编码 610023
　　　　　官方微博：http://weibo.com/sckjcbs
　　　　　官方微信公众号：sckjcbs
　　　　　传真：028-86361756
成品尺寸　170 mm×240 mm
印　　张　10.25　　字数 205 千
印　　刷　四川嘉乐印务有限公司
版　　次　2022 年 10 月第 1 版
印　　次　2022 年 10 月第 1 次印刷
定　　价　58.00 元
书　　号　ISBN 978-7-5727-0718-6

诺贝尔生理学或医学奖得主梅里沃曾说:"科学家的生活写成书读起来几乎总是乏味的,也很难别开生面。就世间而言,学者的生活大多没有那么丰富多彩或令人兴奋。他们需要实验室、图书馆及同行的协作;他们的工作也无法经历令人叹服的贫困、悲伤和世间的磨难……"

遗传学家卢里亚也说过:"科学家的传记作者所涉及的材料要比国家编年史作者所写的材料要乏味得多……我发现许多科学家的传记相当无趣。"

的确,为科学家写作常常让作者绞尽脑汁。他们的严谨性情和乏味生活是其天生局限。当体育明星、政治家、艺术家的传记作者快乐地选取最佳舞台灯光时,科学家的传记作者却像在拼命擦拭一颗冷硬的石头,但只要有足够耐心、仔细,就会发现它原本璀璨的棱面。

内容提要

　　《塑料之父　中国科学院院士徐僖传》介绍了中国科学院院士徐僖为中国高分子材料事业殚精竭虑的一生。徐僖是如何从一个南京玄武湖畔出生的富商之子变成中国高分子界杰出的科学家，以及如何怀揣五倍子塑料之梦远赴美国，再辗转回到家乡重庆开办梧酸塑料厂，从而摇身变为中华人民共和国高分子材料学科的开拓者和奠基人，成为中国"塑料之父"，这本书都做了解答。

　　同时，本书将引领读者回到那个波澜壮阔的时代，探索徐僖丰富的内心世界和传奇的经历。徐僖的故事犹如史诗，包含了20世纪惊心动魄的战争和政治冲突：有民国时期的山河破碎，日本对南京的疯狂屠杀，在猛烈炮火下纷纷西迁的中国高校，通货膨胀、视知识如粪土的旧中国，在庚子赔款的阴影下漂洋过海的留美学子，在中华人民共和国成立的礼炮声中回归的青年学者，以及在十年曲折中坚持下来、最终迎来春回大地的中国科学院院士。

徐僖院士简介

徐僖1921年出生于江苏南京，中共党员、九三学社社员，是我国高分子领域杰出的科学家和教育家，我国高分子材料事业的奠基人和开拓者，中国科学院院士、英国皇家化学会会士，全国人大代表，国务院特殊津贴专家，原成都科技大学副校长、原高分子材料工程国家重点实验室主任，四川大学教授、高分子研究所所长，上海交通大学教授，解放军总后勤部军需装备部特邀顾问专家，著名教育家。他在高分子降解、共聚、氢键复合，高分子共混材料的形态与性能等方面取得了突出的研究成果。他撰写了我国第一本高分子专业教科书《高分子化学原理》，是《高分子材料科学与工程》及《油田化学》等期刊的主编。他被誉为"中国塑料之父"和"学科领路人"。

徐僖曾获国家自然科学奖、国家发明奖等20余项国家、部委、省级奖励和高分子学科高层次人才培养国家级优秀教学成果奖、高分子化学育才奖、何梁何利基金科学和技术进步奖、侯德榜化工科学技术奖（成就奖）。曾被授予全国教育系统劳动模范、全国高等院校先进科技工作者、国家重点实验室计划先进个人和国防军工协作先进个人等称号。

2013年2月16日，徐僖病故于成都，享年93岁。

目录

徐僖对童年的记忆，差不多是一个世纪前的事。

1933年以前，他都静静地待在南京，过着天真烂漫的日子。

然而，外界的纷扰如空气般进入他的内心，营构、捏塑着他原始的世界观。

在这12年中，他养成了自由不羁的个性，亦从母亲的遭遇中萌生了对弱者的深切同情。

同时，不管他承认与否，他都潜移默化地继承了父亲勇于开拓的精神，建立了极强的自信和追求事业的决心。

这些，都将在未来的岁月里定义他的一生。

尽管徐僖一生极少向外人讲述自己的经历，但他曾对诺贝尔化学奖得主白川英树仔细回忆过自己的年少岁月。除此之外，他的童年及家世还在1956年的自传中有所涉及。

阳春三月，我坐在静谧的四川大学档案馆，桌上整齐摆着五卷、近十万字的徐僖院士档案文集。翻开一页页泛黄的资料，尘封的历史对我打开……

老南京·四方城

第一节　原点

儿童感受社会，不是用理论，而是用心。

——箴言

徐僖从历史深处的南京走来。

这座魏晋南北朝时期的都城，轻巧地糅合了大气磅礴的底蕴和烟雨朦胧的秀美，为徐僖的童年抹上一层梦幻的底色。

正如诗词所云，它深沉——"千里澄江似练，六朝旧事如水。"它幽然——"涧水无声绕竹流，竹西花草弄春柔。"20世纪20年代的南京还没有今天这样琳琅满目的建筑、错综复杂的道路。它宁静、疏朗，充满了野趣。每到春天，便开满了樱桃花。到了夏天，则满湖都是荷花。

1921年1月16日，这座美丽的城市静静地迎来了一个新生命的诞生，他便是日后的"中国塑料之父"——徐僖。但谁能料想到以后呢？此刻，他正柔弱地依偎在母亲胸脯前，感受着她浓浓的乳香和温柔的注视。

最小偏怜①，徐僖格外受母亲疼爱。母亲与家乡的温柔怀抱，令他有幸在坎坷的人生经历之前品尝了一段岁月静好的日子。

不似许多大师出身贫寒，徐僖来自于一个堪称辉煌的富商家庭。他的父亲徐沅是庐山照相馆的创始人，曾为孙中山、蒋介石等人的照相师，以极其讲究的用光行走于各色达官贵人的府邸，为徐家基业打下了基础。

---

① 徐僖是家中最小的儿子，上有一位姐姐和三位哥哥。

徐沅是一个聪明而有魄力的创业者。他十几岁时由姑父介绍在宁波一家钱庄当学徒，满师后又跑到上海一个广东人开设的照相馆里打杂。这家照相馆的主人施德之深谙生财之道，并且通照相、懂医学，偶尔还监管制造"济众水"①业务，因此徐沅对他非常崇拜。

徐沅在照相馆工作了几年后，除了在施德之那学会了一套手艺，还积累了一些资金，于是雄心勃勃地回到南京成家立业。

在家乡立起"庐山照相馆"的招牌时，照相馆还是南京街头的新鲜玩意儿。普通老百姓很少去，而老年人是绝不肯照相的，说"照一次相掉一次魂"，因此光顾照相馆的主要是一些达官贵人。

南京繁华，政商云集，徐家的崛起宛若命中注定。除懂得抢占商机，徐沅还非常精通经营之道。他率先使用了在当时国内照相行业领先的国外相机和影楼布景板，有的布景是美丽湖景，绿树环绕，小船悠悠，颇像颐和园；有的背景是欧式风景，一条宽宽的河道，对岸有尖顶楼群，耸立在一排绿荫之后。

在徐沅的精心治理下，庐山照相馆很快便小有名气。孙中山北上之前，曾专程到庐山照相馆留影，这张照片很快传遍世界。

---

① 一种暑天救急药水。

20世纪20年代的孙中山与宋庆龄

　　直到1927年蒋介石入主南京,徐沄就开始多次出入蒋家,为其拍摄照片。谁知照片尚未印出,蒋介石就被迫下野。政治动荡的时代加剧了徐沄对财富积累的迫切感,他心里火急火燎:若蒋介石一败涂地,则照相馆血本无归。

　　命运再次眷顾了他:当蒋介石再入南京之后,庐山照相馆的照片被蒋介石以重金取走,徐沄也赶上了发财的机会,不到十年便在南京搞得风生水起,不但一家影楼一日入账便有数十上百银元,还兼顾照相器材业务,同时与一些广东朋友合伙开设了分店和饭店。秉承他的理想,日后徐僖的哥哥们亦在南京、上海等地将家业继续发展壮大,轿车、家仆鞍前马后,前呼后拥,风光不可一世。

然而，比起经商有道的父兄，徐僖更爱自己的母亲。当家里所有人的境况都在荣华中冉冉上升时，他母亲却因黯然的家庭背景而逐步退出家庭舞台中心。

徐母原本姓李，是南京城北马家桥一个李姓绸缎工人的女儿。因为徐僖外祖父家境贫穷，无力抚养母亲成人，于是在他母亲出生后，便抱养给另一姓张的绸缎工人，故婚后称张氏。

张氏为人勤俭，徐僖记得："她给全家扎的布鞋鞋底，就装了一大箩筐。"对于父亲，在徐僖的印象中却是："生意人的习气则十分浓厚，欢喜夸耀自己，希望他的儿子们都走他的道路，开创继承他的家业。"①

徐僖父亲与母亲在结婚最初的几年当中，彼此情感尚好。但徐父"在自以为非常得志之后，便开始嫌贫爱富，瞧不起妻子与她娘家，经常向妻子无事挑衅"。②

为了避免引起徐父的愤怒，徐母每次去自己娘家时总是隐瞒着丈夫和徐僖的哥哥们。因为徐僖从未泄露过她的秘密，所以他能成为她的跟随者。

徐僖外祖父家非常贫穷，然而舅舅和表兄表姐们在他们每次去的时候都非常热情地把他们当作上客对待。母亲经常向徐僖说起她娘家"命苦"，年少的徐僖只觉得外祖父家充满了和气，却不知道什么叫"命苦"。

徐家虽富，但始终是旧式买卖人家，又逢乱世，徐僖父亲认为孩子们上不上学均无所谓，而母亲又不能主持家中的一切事务，因此他的姐姐（徐惠如）、

①② 徐僖，1956，《自传》，徐僖档案卷1。

二哥（徐仲侃）和三哥（徐祎如）在幼年的时候仅读了几年私塾，有的读到初中便中途辍学。徐僖的大哥（徐俨）在姐夫张祖培影响下虽然多读了几年书，然而在读到大学一年级时也放弃了学业。

在此情况下，徐僖和兄姐们从小便享受着"放养式"的童年。母亲虽然非常爱他们，但是因为自己是个文盲，因而对管教孩子往往不知所措。在徐僖八岁开始进小学读书那年，母亲竟把他送到了家附近的一所女子小学（崇淑小学）读了一年书。

在童年时得到天马行空般的自由——这是一件幸事，但也蕴含危险。他不必遵守什么规矩，也极少有人说"不"——这样很可能会让孩子变得任性和培养出根深蒂固的坏习惯。从徐僖身上以及他的一生都能感觉到这段童年时光的痕迹——从好的方面来说，主要是他顽强抗拒顺从任何权威和抗拒屈从一种纪律。从坏的方面来说，使他在今后的岁月里，尽可能地躲避任何繁琐、教条的事情，总是只听凭自己的意志，听凭自己的情绪。

此外，在这 12 年中，他不但养成了如此自由不羁的个性，亦从母亲的遭遇中萌生了对弱者的深切同情。同时，不管他承认与否，他都潜移默化地继承了父亲勇于开拓的精神，建立了极强的自信和追求事业的决心。这些，都将在未来的岁月里定义他的一生。

第二节　启蒙

"从 1933 年起至 1937 年初中毕业时止，

在这四年中，姐夫的一切对我影响十分重大。"

——少年徐僖

时光转眼到了 1933 年，徐僖该上中学了。命运之神悄然拨动轮盘，将这个小男孩送到了他第一位雕琢师傅——张祖培的手中。

是年初，母亲带他去上海看望他的姐姐。20 世纪 30 年代的老上海有着与南京截然不同的气息——灯红酒绿，莺歌燕语，街上晃动着蓝眼睛、高鼻梁，带着浓浓本土味的老虎灶、石库门旁屹立的却是各种英式、美式的建筑物，这一切夹带着陌生城市的气息向徐僖呼啸而来。

来到这样一个全新的环境，徐僖犹如小鸟出笼，拍打着翅膀，瞧着什么都激动，都新鲜。不过，他也有疑惑，街上有洋人就算了，可为何我们的土地上会有那么多洋人的"建筑"？

"他们不回家吗？"徐僖曾这样问姐夫。姐夫名叫张祖培，是五卅惨案时期圣约翰大学反帝斗争的学生领袖。

他愤愤地回道："他们是打算把这儿当'家'了。"

徐僖更迷惑了。

在小徐僖心中，姐夫张祖培也像大上海一样，充满了新奇与神秘。事实上，如果不是这位可敬的启蒙者，徐僖或许还会继续和母亲在郁郁寡欢中相依

20世纪30年代·老上海

为命，亦有可能走上和父兄一样的经商之路。但不管怎样，此刻他已开始进入另一番天地。

张祖培，曾是五四运动的学生领袖，圣约翰大学学会会长。中华人民共和国成立前在光华大学任教，中华人民共和国成立后任华东师范大学外语系主任。旧时大家庭成员间互相帮助的情况十分普遍，他喜爱徐僖，便大力劝说岳母将徐僖留在上海读书。母亲虽然文化不高，但是深明大义，她左思右想，最终忍痛做出留下徐僖的决定。

从那时起，徐僖便离开了家庭和姐姐、姐夫生活在一起。姐夫如父，对徐僖的教育影响弥足深远。以一个教育家的单纯愿望出发，张祖培一开始就有这样的想法：不把小徐僖培养成纨绔子弟——这些人毫无目标，整天在赌博、饮酒和吆喝中消磨时光；也不把他培养成仅仅是商人和敛钱取财的工具。徐僖应该努力进取，跻身于最高层次的人群——这些人由于他们思想上的优势，由于他们的教育程度和文化，从而能在中国驾驭时代的命运，用自己的才华左右事件。这些人的精神家园不是在狭隘的钱眼之中，而是在更为广阔的世界范围中。而通往这个精神世界的钥匙便是读书。他及时地用这把神奇的金钥匙开启了徐僖懵懂的心门。

比起在商场上打滚的父兄，徐僖更亲近新知识系统培养起来的张祖培。在他的回忆中，张祖培"老家很穷，即便在上大学时也穿不起一件长袍"。[1] 张祖培以半工半读的方法完成了学业后，由一位姓李的亲戚做媒，与他姐姐结了婚。李伯伯在徐僖父亲铺子里工作将近 24 年，是徐僖父亲最信任和最得力的助手，徐僖父亲之所以同意这门亲事，也与他有关。

---

① 徐僖，1956，《自传》，徐僖档案卷 1。

"从 1933 年起至 1937 年初中毕业时止，在这四年中，姐夫的一切对我影响十分重大，"徐僖写道，"当时他在上海工部局举人教育局所设立的一个小学内担任校长，但他始终没有忘记他曾参加过 1925 年 6 月 3 日因五卅惨案在圣约翰大学所爆发的学生运动，而且是脱离圣约翰大学转入光华大学的六三学生，因而他并不捧拍洋人。"

　　"他那时因为要负担大家庭的生活费用，在经济上并不宽裕，然而他自尊心很强，既不肯接受我父亲的接济亦不肯动用公款。他对读书的兴趣也很浓厚。每天晚上都要熬到深更半夜方才就寝。此外，他非常爱家庭的温暖，除了按时上下班外，在家的时间多，出外的时间很少。"[1]

　　张祖培这些举动对徐僖产生了很大的影响。徐僖认为他是一个奉公守法，严肃对待工作，有学问，有修养，同时也是一个"靠本领吃饭，赤手起家"[2]的人。因而徐僖把他当作学习的唯一榜样。

　　[1][2]　徐僖，1956，《自传》，徐僖档案卷 1。

第三节 一匹野马

青年性格如同一匹不羁的野马，藐视既往，目空一切，好走极端。

——英国哲学家培根

1934 年 2 月，徐僖从上海工部局小学毕业后，为了得到最佳的教育，姐夫便将他转入上海租界一所叫"育才公学"的英国教会学校。

育才公学原名"育才书院"，1912 年由英籍犹太人嘉道理创办，中华人民共和国成立后改称"育才中学"。育才中学在其公学时期吸引了大批商人及精英知识分子的子女就读，王国维的三个儿子王潜明、王高明、王贞明，杜月笙的儿子，蒋介石的侄子，李鸿章的后人等都曾先后入读过。

漫画家王乐天先生曾这样回忆育才公学的早期教育：

"育才十分重视培养学生的礼仪，有几件事情令我至今未忘：一，学校不设痰盂，学生吐痰拧鼻涕，必须用手帕；二，不论房门开闭，进屋前必须笃笃敲几下门，听到室内有人说请进，才可入内；三，向教员提问或者谈话时，必须先说一声'Please Sir'或"先生好"。至于'Thank You''Pardon Me'更是不绝于口。"[1]

除对学生严格要求外，育才公学对教师质量也把关极严。严隽培回忆说：

"在上（英文）文法课时不论大班小班，校长会突然光临，亲自教导。曾经有位外籍教师动作粗鲁，在上课时教室门没有关好，被风吹开。而正在门

---

[1] 赵玉成，"作育人材——育才公学的早期教育"，刊发《上海教育》。

育才公学

外侧耳倾听教法的校长对他眉头紧缩、满脸怒容，对他非常不满。结果这位教师三天后就在育才公学消失了。"①

由于学校里中国老师和学生少，徐僖倍感孤立。同时，其多项严格规章制度更是令他十分抵触。他就像一匹黑色野马，突然间发现自己置身于雪白的绵羊群中，竟然还有几个蓝眼睛白皮肤的牧人朝他挥舞着鞭子！这当然不会令他感到好过。于是，他对这所学校的看法格外阴沉，既没有王乐天回忆中的"礼仪"，亦没有严隽培观察到的校长对"师生的平等待遇"：

"它奴化华人，而且极其野蛮。学校里老师外国人（主要是英国人）多，中国人少，每周除了5小时国文课外，其他课都是英国原版教本。学生被打手心，打耳光，罚站简直是家常便饭。这些洋鬼子不禁对学生如此野蛮，对家长也不例外。"②

他提到一件事以证明：学期结束，学校召开慈亲会，好友黄根宝的父亲因随地吐了一口痰，"洋鬼子校长"霍伦竟狠狠踢了黄父一脚，让他当众栽倒在地，十分狼狈。他之后还开除了黄根宝的学籍，理由是"黄根宝有这样一个不文明的父亲，肯定是没有家教的"。

---

① 赵玉成，"作育人材——育才公学的早期教育"，刊发《上海教育》。
② 徐僖，1956，《自传》，徐僖档案卷1。

黄根宝本是徐僖在育才公学里最要好的同学，徐僖有自行车以后，总是两人同乘。后来他干脆送了辆自行车给朋友，两人一起把自行车搭在汽车后面飞驰，快活极了。好友的遭遇让徐僖"对这些洋鬼子十分惧怕"，成天提心吊胆，闷闷不乐。在读完一学期后，姐夫便将他送到光华附中。

"我们都经历过在极其艰难的岁月里求学，但又始终抱有对时代的信仰，这一点我们彼此理解。"——诺贝尔化学奖得主白川英树曾这样描述他与徐僖的共同点。

　　徐僖的童年虽然波澜不惊、烂漫无邪，然而他无法逃避这个事实——他出生于一个王纲瓦解、民国肇兴、军阀割据，新旧交锋的激烈时代，他的命运，自然也随时代而沉浮。

　　那时，中国处于内忧外患的半殖民地半封建社会，各地军阀争割势力混战不断。

　　经济上，自然经济瓦解，新的经济体制无法建立。

　　内忧加剧外患，帝国列强纷纷在中国盘踞势力，进行疯狂掠夺，中国大地简直无一刻安宁。

　　这样特殊的历史背景，对徐僖的青年时期产生了深远影响……

第二章　旋涡（1937—1943）

第一节　铸在人类史上的悲恸

"南京下关江边，尸体像漂流的木头被浪冲了过来……"

——日军第6师团辎重第6联队小队长高城守一日记

因为想念母亲，在1937年6月初中毕业后，徐僖便由上海回到南京读书。

当时的情况已有两大变化：一是家庭情况十分糟糕，不但父亲和兄长们所经营的业务不好，而且兄嫂间一些无原则的纠纷可谓无所不有。

这点尚不足以对徐僖产生影响，他以"读书人"自命认为这些都是他们不学无术的结果，因而始终抱着"读我的书，少管闲事"[①]的态度，不闻亦不问。

但第二点他就无法躲避了。从他踏上故乡的土地那一刹那起，就发现此时的南京，已经不是从前的那片"江南佳丽地，金陵帝王州"。

1937年七七事变后，日本便展开全面侵略中国的大规模战争，南京处于风口浪尖之中。日本要攻打南京的消息几个月前就使这座城市的繁华荡然无存。官员、富人早已逃之夭夭，平民百姓则像热锅上的蚂蚁，乱成一团。

兵荒马乱的日子捱到了1937年12月10日，徐父看着情况不对劲，终于下定决心带全家十余口人逃难。他们关闭了照相馆，带着主要的照相器材和细软，加入了逃离南京的难民大军，与三天后的南京大屠杀擦肩而过。这位被徐僖瞧不起的、"只会经商"的父亲对徐僖的影响深远——他曾经用智慧使徐家飞黄腾达，此刻又挽救了一家人的性命。

---

① 徐僖，1956，《自传》，徐僖档案卷1。

当年徐沅带着一大家子首先跑到长江边，想坐轮船逃离。可谁知与他们想法一致的人非常多，江边人山人海，轮船屈指可数，都往趸船上挤，而且那些溃逃的国军官兵也在往上挤，不少人掉入江中。

　　徐沅见没办法上船，便扭头带一家人往火车站跑。火车站也是人山人海，有几辆火车停在站上，人们拼命地往火车上爬。徐僖最终抢登上火车，回头却发现父兄母亲已经不见。惶恐中，他听到父亲声嘶力竭的呼唤，才发现自己上了相反方向的火车。他立刻跳下来奔向对面的一列火车，与家人会合。一家人跌跌撞撞地终于挤上了火车，来到了汉口。

　　12月13日，举世震惊的南京大屠杀开始了。侵华日军攻陷南京后，在城区及郊区对中国平民和战俘进行了长达六星期的大规模屠杀、抢掠、强奸等罪行。

　　日军的铁蹄踏过徐僖童年时玩耍的九华山、玄武湖，肮脏的硝烟和炮火将美丽的湖光山色毁灭殆尽，"千里莺啼绿映红"的场面一去不复返。

　　徐僖一家逃离南京前，徐母曾苦口婆心地劝她的娘家人同他们一起撤离，奈何故土难离。况且，这些老南京经历过许多战乱，在战乱中，虽"城头常换大王旗"，但"大王"们总是需要百姓为他们服务的，一般都不会把百姓怎么样的。谁想到他们会遇到历史上最凶残、最没有人性的日本野兽呢！

下关江边成堆的尸体

结果，徐僖的外公、外婆、舅舅、姨妈、表哥表弟、表姊表妹，全部被日军杀害，无一幸免。受害者的细节早已无迹可寻。

母亲听一回这样的消息，都要嚎啕大哭一次，直至哭昏过去……

那些日子，每当深夜，徐僖一闭上眼睛就会看见刀光闪闪，听到杀声震天。

年仅 16 岁的徐僖，一次次在梦中手足无措地目睹着凶煞之神亵渎着他的家乡和亲人，使他的祖国和人民惊恐和茫然。然而在他自传中，对此仅一笔带过，就像对一场永远不愿回忆起的噩梦。

第二节　立志

人一生的机遇，很大程度上都是以性格为原点，

一寸一尺地向四外扩展延伸，成就不同的版图……

——中国作家卞毓方

逃离南京后，徐僖一家大小 14 口人经过汉口迁至重庆。

重庆位于长江和嘉陵江的交汇处，依着金碧山建城。境内有金碧山、马鞍山、凤凰山、歌乐山、华蓥山等大小不一的山，所以称为"山城"。因其水汽滞留上空，长年雾霭蒙蒙，氤氲潮湿，又被称为"雾都"。山环水，水绕山，其得天独厚的地理优势，在抗日战争期间，被当时南京国民政府选作战时陪都，以备迁都撤守之用。

徐父见乱世之中唯此地安全，便迅速顶打了一家铺面，又开起了照相馆。

那时徐僖刚刚 17 岁，尚处于稚嫩的青少年时期。都说少年是童年的延伸，童年懵懂，少年渐转自觉。一株幼苗能长成多高的大树，一粒石子能激起多高的巨浪，在此刻已初现端倪。

徐僖自认没有帮助他们赚钱的本领，亦不愿意中途辍学，因而他大胆地做出决定——再次离开家庭，跑到重庆东北部的万县①的沙河金陵大学附中去读书。

---

① 如今万州。

　　万县沙河子是个贫苦乡村，徐僖对那里的一切感到既陌生又新鲜。看到农民们卑微而艰辛的生活，他心里不禁漾起阵阵同情，这种情感就像重庆雾霭一样绵绸细腻，挥之不去。不自觉地，他将他们看作同自己母亲一样"苦命"的人，产生了等他成家立业后一定要帮助他们的想法。

　　然而当时的金陵大学附中已非南京的金陵大学附中可比，在设施以及师资方面都不能使徐僖满意，为能学好"赤手起家"的本领，徐僖在那里读了半年书便转入重庆南开中学。

　　这一转，他满意了。南开中学是由南开系列学校创办人、爱国教育家张伯苓先生于1936年创办的。张伯苓原为清朝北洋海军的见习军官，亲眼目睹甲午海战惨败后威海卫"国旗三易"的悲愤一幕："先下日旗，后升国旗；隔一日，改悬英旗"，刻骨铭心，深感自强之道在于兴学，造就新人才，遂弃武从教。

　　1937年七七事变后，天津南开各校作为华北抗日救亡运动的重镇，惨遭日寇轰炸，被夷为平地，部分师生撤退后方来到重庆南开中学，继续完成学习和教学任务。

在战争洗礼中成长的南开中学，不但将爱国作为第一训诫，而且非常重视"立品"，是一所"培养精神贵族的学校"①。学校规定校色为青莲紫色，意为"出污泥而不染"。平日，学生必须时刻谨记"四十字镜箴"：

"面必净，发必理，衣必整，纽必结。

头容正，肩容平，胸容宽，背容直。

气象：勿暴 勿傲 勿怠。

颜色：宜和 宜静 宜庄。"

除了要求庄重的仪表，它还要求学生内心要"与时俱进，每日每月都有新的变化"，这一点和徐僖时刻追求进步和创新的个性不谋而合。

最重要的是，南开非常重视理工科。多年来，从这里走出了大批杰出的科学家、政治家、经济学家、艺术家和文学大师，尤以理工科的居多。用 41 级校友朱光亚的话来讲："两弹一星的核心组员中有四分之一是我们中学毕业的。"

---

① 经济学家吴敬琏语。

20世纪40年代的重庆南开中学大操场

如今，在它的院士校友壁上，我们能看见这样光辉的名单："梁思礼——1941级校友，导弹火箭专家，中国科学院院士；朱光亚——1941级校友，核物理学家，中国工程院院士、院长，"中国两弹之父"；周光召——1947级校友，理论物理、粒子物理学家，中国科学院院长，1999年获得"两弹一星功勋奖章"；徐僖——1940级校友，高分子材料科学家，中国科学院院士……"

正是在这样一所重视理工科的学校里，徐僖选择了通往化学世界之路。也正是在这所重视培养学生贵族气质的学校里，他成长为一个翩翩君子，总是"西装一套，皮鞋锃亮"，永远保持着整洁和风度。

然而，因为劫难和孤独，当时的徐僖并不如外表看起来的鲜亮。平时，他总喜欢静静地在一隅思考，做自己的事，上课时间也照样自个儿看书。当周围人都忙着抄笔记，唯恐漏掉一个字时，他却坐在教室后面读他的外文期刊。

由于在思想上存有"赤手起家"的念头，他从不愿回到重庆。一方面是因为他仍然保持着过去的尽可能不伸手向父兄讨钱的作风，另一方面也是为了学好白手起家的本领，更加埋头读书，尽管南开中学的老师们说他是少年老成，太不活跃，同学们亦称他为"老夫子"，他一点儿也不在乎。

回忆自己选择成为一个化学科学家的心路历程，徐僖这样写道："在高中将毕业的时候，我对文学颇感兴趣，很喜欢阅读一些关于描述'苦人苦事'的小说或剧本。可是当时我又认为成为一个名作家，绝不是五年或十年的事，同时文人又多穷，因而放弃对于这方面的兴趣。那时我又很想在高中毕业后学医，然而又认为作为医生虽然清高，同时也是一个靠本领吃饭的自由职业，可是在排场方面亦不如一个企业家神气。最后，我选定了化工作为自己升入大学后所要学习的学科。"[①] 化学是研究物质转化、物质结构与性能关系的广阔天地。它将这个物质世界变得五彩缤纷，生动无限，通过这门学科，可以解开天下万物之神奇。就这样，徐僖于 1940 年夏提前一年完成学业，考入当时内迁贵州遵义的浙江大学化工系。

---

① 徐僖，1956，《自传》，徐僖档案卷 1。

第三节　立身

"我时常在幻想如何更快地成为一个

'不求人，完全靠自己的本领和劳力起家的企业资本家'"。

——徐僖

徐僖就读的是大名鼎鼎的南开中学，学的是理科，却和清华擦肩而过，奇怪吗？不。清华出类，缘于整体拔萃，说到具体专业，则要做具体分析。徐僖看中的是化学，在这个领域，他选择浙江大学是经过深思熟虑的。

浙江大学化工系成立于1927年，是由我国化工教育先驱李寿恒教授创建的国内第一个化工系。那时我国化学工业极为薄弱，更无化工教育的经验。在此情况下，李寿恒秉承在美国密歇根和伊利诺大学化学系化工专业学习的经验，瞄准美国化工教育的先进水平，立志建成一个达到世界一流水平的化工系。

在李寿恒与老师们的努力下，浙江大学化工系开办之初，即开出全部必修课程。到1930年，浙江大学化工系的课程设置与美国同类高校已大体相同。以后又陆续充实仪器设备，臻于完备。此后近80年，从这里走出两院院士15名。王葆仁、苏元复、吴征铠、邓颂九、冯新德、周庆祥等许多著名学者曾在学院任教、求学。

浙江大学给徐僖留下了十分美好的印象，其印象最深的人便是校长竺可桢。国难当前，教育体系朝不保夕之际，竺可桢用2年9个月带着浙江大学大迁四次，先前是浙江和江西，后来是广西和贵州，跟随他的除了师生还有大量的书

李寿恒（中）因陋就简地办起了化工系

籍和仪器。他们风餐露宿，又遇疟疾流行，竺可桢夫人为了把自己的针药留给年幼的儿子，在途中病逝，儿子也去世了。

这位丧妻丧子的校长，在1940年给新生做报告时，以"求是"为校训，要求学生无论在何种环境中都不忘追求真理，令徐僖大受感动。

正如曾在浙江大学任教17年、现任贵州大学校长的郑强所言，浙江大学真正宝贵的，正是竺可桢老校长带领浙江大学（的学生）西迁几千里，在遵义的湄潭办学的这七年。

他说："大学的文化，是应该有历史的积淀。而这样的积淀，才是送给孩子们最珍贵的精神财富。"浙江大学的深沉历史令徐僖在心灵受到震撼之余，恢复了开朗、敢说敢干的性格。

直到2012年11月我对徐僖进行采访时，他还常常流露出对母校浙江大学

带领浙江大学西迁四次的校长竺可桢

的眷恋。浙江大学是徐僖学生时代待得最久的学校，是他梦想的孕育之地，有他一生中最单纯、最美好和最辉煌的回忆。它因在岁月长河中渐行渐远，而永远笼罩着柔和而圣洁的光芒。

然而，在当时战争喧嚣和经济萧条之下，西迁遵义的浙江大学师生们的生活和学习实际上非常艰苦。

徐僖回忆："绝大多数的老师和同学都不讲究衣饰，每个人都十分地忙碌，彼此间都很少过问。学校中虽然有不少规章制度，然而同学们除了学习时必须认真，考试时不能缺席外，其他一切都认为吓不死人。在教与学的空余时间，部分生活比较困难的师生都从事了副业，有的制造肥皂、皮革在市场上出售，有的做墨水、鞋油或雪花膏等放在学校贩卖部寄卖。"①

当时徐僖家的生意已大大好转，父兄们亦不拒绝担负他的生活费用，可是为了表示自己也有自己的"办法"，徐僖除在学校申请了贷金外，在读到三年级的时候，他一方面搞一些有关五倍子利用问题的科学研究工作，一方面也搞了一下松香油（点灯用）的小买卖。

好友李忠伦回忆那时的他："徐僖家庭条件还是较好的。但是他不摆阔气。记得一件长袍穿了好几个冬天，很艰苦朴素。"②

1943 年，徐僖母亲病危，他由遵义回到重庆，在离家返校时他以 1933 年他姐夫劝说他母亲的同样理由说服他的寡大嫂徐惠茹，把她的二儿徐光禄和三儿徐光桢带到遵义与自己一起生活。③

---

① 徐僖，1956，《自传》，徐僖档案卷 1。
② 李忠伦，"关于徐僖的材料"，徐僖档案卷 4。
③ 徐僖大哥徐俨于 1939 年在重庆病逝，享年 36 岁。

从此徐僖更加忙碌，一方面要应对功课，一方面要维持生活，同时还要抽出一定的时间来管教两个从小便失去了父亲的侄子。为了青出于蓝（胜过自己的父亲和姐夫），他又时常在幻想如何更快地成为一个"不求人，完全靠自己本领和劳力起家的企业资本家"。

由于这些因素，徐僖一直处于高压状态，不但毫无兴趣爱好，对于一些与他业务无用或关系不大的书籍和报章杂志亦不爱阅读。

有的时候他很想清醒一下头脑，便跑到郊外的庙宇内观看一下菩萨，同时寻访一下和尚，企图从他们那儿学会一些关于清心寡欲的方法。可惜的是，那些出家人都是职业信佛家，并非清心寡欲，无法提供给他所需要的宁静。

1943 年，年仅 22 岁的徐僖因对遵义贫苦农民的同情迈出了科研生涯里的第一步——试制棓酸塑料。

棓酸塑料的主要原料五倍子是漆树科盐肤木的一种虫瘿，在贵州遵义随处可见。然而对当地农民来说，五倍子最初带给他们的却不是幸福，而是人们难以想象的疾苦。

"五倍子害我一辈子""作孽五辈子"——1943 年，在遵义浙大求学的徐僖，耳边时时回响着农民们求生不得，求死不能的悲愤呼声。

年幼时，徐僖心田就曾埋下同情弱者的种子；在少年时代，他经历了南京大屠杀的浩劫，在重庆万县目睹了农民们在战乱时期的悲惨生活；后来，在日军和外国资本主义国家入侵之下，他又不得不躲在流离失所的浙江大学里，与广大师生们一起熬着为挣一口饭吃而绞尽脑汁的日子。

现在，这一凄凉场面深深触动了青年徐僖。他在心底暗下决心："我把他们列入今后所应救济的苦命人之一。"

一种要为被压迫者牺牲全部力量的慷慨精神，开始在他胸中升腾起来，直到熊熊燃烧。

第三章　抉择（1943—1947）

五倍子

第一节　抱负

> "我把他们列入我今后所应该救济的苦命人之一。"
>
> ——徐僖

在浙江大学时期，徐僖的朋友有武宝琦、罗国象、熊先党等人。好友之一的武宝琦曾这样回忆徐僖："他一直对学习努力，认真，对一切工作一向是严肃认真的。他为人正直，正义感极强。因为看到贫苦农民的悲惨生活产生了研究五倍子的想法。"[①]

正如好友所言，1943年，年仅22岁的徐僖因为对贫苦农民的同情而迈出了科研生涯里的第一步——试制棓酸塑料。

棓酸塑料的主要原料五倍子是漆树科盐肤木的一种虫瘿，在贵州遵义随处可见。然而对这里的农民来说，五倍子最初带给他们的却不是幸福，而是难以想象的疾苦。

在徐僖的回忆中："万恶的国民党反动政府在为满足他们的种种帝国主义需要的时候，便用种种手段胁迫村民不分老幼上山采集，待集有成效的时候，就尽量压低价格，大批收购以报效他们的主子。但在平时（就是在他们不需要的时候）对于成群的背着五倍子沿街求售的农民们则不闻不问。"[②]

"五倍子害我一辈子""作孽五辈子"，已成了善良农民求生不得，求死不能的悲愤呼声。这一凄凉场面深深触动了年轻的徐僖，他在心底暗下决

[①] 武宝琦，"我所了解的关于徐僖同志的一些情况"，徐僖档案卷3。
[②] 徐僖，1956，《自传》，徐僖档案卷1。

心："我应把他们列入今后所应救济的苦命人之一。"他决定以五倍子为原料制造塑料，希望能用以抵制外资①，而自己亦可以以此起家。从此他的抱负更大，不但希望在不久的将来成为一个企业家，同时又是一个慈善家。

然而，因为设备的简陋，同时又无人支持，在以五倍子试制塑料的实验过程中，不幸的事故经常发生。最令徐僖伤心的是在 1943 年秋所发生的一次事故，因为油熔锅的沸燃，甘油脱水后的产物丙烯醛的逸散使他双眼遭受过度刺激，不时地红肿，为他日后右眼致盲埋下了祸根。

在徐僖感到举步维艰时，恩师侯毓汾教授给予了他温暖和支持。侯毓汾教授是世界上研究活性染料的先驱者之一，用天然物质五倍子研制活性染料更是世界第一人。在当时，直至 1956 年英国才生产了第一个商业化的活性染料，名为 Procion。侯毓汾后来专攻活性染料，为中国研制了许多具有自主知识产权的产品，对提高中国丝绸产品的质量做出了巨大的贡献。

1944 年，侯毓汾以五倍子试制棓酸染料获得初步成功，而徐僖在那时亦能以棓酸甘油试制出具有可塑性能的塑粉。侯毓汾欣赏徐僖对于棓酸塑料的创想，希望他继续研究下去，青出于蓝胜于蓝；而徐僖也意识到追随老师无论在

---

① 当时外国塑料制品在我国市场上盛行。

理论或资源上都将对自己有很大的帮助。

师生二人商谈后，徐僖决定毕业后留校作研究生，同时把自己的实验设施与侯毓汾老师的合并，在遵义老城五家祠堂内租了几间空屋，筹建了一所专门制造黑色和棕色棓酸染料的宝鼎颜料厂，由侯毓汾老师担任厂长，徐僖做工程师。

师生二人筹办这个小工厂的目的并不是为了改善自己的生活，而是为了创造有利于进行科学研究的工作条件。他们原来打算把每一个时期的盈余全部用以购买实验设备和必需的图书，然而事与愿违，由于他们不善于经营，颜料厂亏了大本。

第二节　绝望

出发之前，永远是梦想；上路了，才是挑战。

——达喀尔拉力赛创始人萨宾

更糟糕的是，1944 年底日寇入侵贵州遵义，局势紧张。侯毓汾被迫带着徐僖的侄儿先他离开遵义，应聘交通大学唐山工程学院（以下简称交大或唐山交大）；徐僖于 1945 年 1 月关闭宝鼎颜料厂后亦离校前往重庆。研究生没法再继续攻读了，桔酸塑料试制一事也只能暂且搁置。

在到达重庆后，徐僖冰冷的心又燃起希望。他见到了国民党政府"提倡科学奖励发明"的好消息，便立刻兴冲冲地将在遵义研究二三年所得的试验报告送往资源委员会请求支援。

遗憾的是，他们对徐僖所送去的报告不但一字不看，反而说什么"五倍子何必研究，简直在钻牛角尖"。他们尚不知道科学具有的力量——任何原则上能够办到，同时又不违背自然规律的事情，只要下定决心，并持之以恒，都可以办到。

国民党政府虽然没有骂徐僖"该死"，可是他们讽刺的眼神和言语深深地伤害了徐僖。后来他在自传中写道："自己迷信了国民党反动政府的谎言，亦识破了他们对科学的蔑视态度。"

遭遇理想绝境的徐僖不得不把自己也列入了苦命的人们之中，从此不再有做企业家或慈善家的幻想。

徐僖郁郁寡欢之际，自己家中却是另一番景象。父兄们的生意在重庆做得风生水起。这时徐僖的父亲虽因胃病严重，很少出面，但他的哥哥们却运筹帷幄，从 1938 年起至 1944 年期间，不但在重庆将老本行照相和照相器材经营得很好，还独自开设了一家叫大同公司的百货商店，并陆续在西安、衡阳等地设立了分部。

在徐僖的印象中，父亲时常以自己二儿和三儿能青出于蓝而沾沾自喜，对于徐僖则始终缺乏兴趣。而那时，他自己也"实在看透了他们那种无孔不钻和假仁假义的一套"，因此亦对他们存有一定的成见。

既然他不愿意回家与父兄们为伍，于是在侯老师的邀约下，他亦前往唐山交大担任侯老师的助教。

唐山交大当时在璧山丁家坳。丁家坳是个乡镇，在那里亦有不少苦命的农民。他们看上去十分憔悴，以至于徐僖不知道他们怎么去从事重体力劳动。他们低着头，那凄惨的外表和沮丧的神情，使徐僖想到自己就像他们一样，是一个不能把握自己命运，似乎并不存在的人。

因为感到彼此都很不幸，因而在空闲的时候徐僖便经常帮助他们干一些他体力所能胜任的田间劳动。

1945年8月15日，日本帝国主义宣布无条件投降。消息传来，全校师生当晚便在丁家坳举行了提灯游行，庆祝抗战胜利。9月上旬，学校组成复员委员会，研究制定复员计划，准备举校回迁。

唐山交大漫长的流浪岁月即将结束，而徐僖却感到十分彷徨。他既不愿随往到北方地区生活，继续留在璧山也没有希望，遂利用国民政府救济复原的机会，回到上海与姐夫张祖培同在光华大学任教，担任普通化学课程讲师。

侯毓汾教授继续留在璧山教书，至1946年8月23日，侯教授随唐山交大复员大队回到唐山校园，从此师生天各一方。

第三节　乱世遇温情

这世上有人在怀念我，我活在一个人的心里。

——俄国诗人普希金

回到上海后，徐儛发现这座洋气十足的城市和抗日战争前几乎没什么两样，不久后便开始对它感到厌烦。他回忆道："由于有钱有势的高级华人更多，因而太不公平和不合情理的事亦就多到不足为奇的地步。"[1]

为了能按时到校上课，他必须在上课前四十分钟从他的住处（虹口）步行到三马路证券业大楼四楼（当时光华大学校址），然而他那些"自称为学生实际是投机商人和公子哥儿"的学生，只要暂时停止他们的赌博，挟了书本，花一二分钟便可从二楼交易所乘电梯登上四楼。

抗日战争胜利后，徐儛的三哥亦由重庆来到上海做买卖。他雇用了一批对英文能说能写的人员，在上海开设大同申行，原通行经营进出口业务，后来又在南京开设大同照相材料行并经常跑到香港和广州等地承运货物。他有自备小汽车两辆，时进时出威风十足。人家都恭维他年少有为，而在徐儛心中他却已"堕落腐化到不可救药的境地：'家中好像赌场又好像酒馆，每天晚上不是扑克便是麻将，又唤又喝不搞到天亮绝不散场。'"

此外，在旧中国通货飞速膨胀的日子里，一个教授的薪水无法与上涨的物价保持同步。徐儛三哥的学问远不及徐儛，仅读到初中，然而当时徐儛的工资

---

[1] 徐儛，1956，《徐儛自传》，徐儛档案卷 1。

仅有八九万元（伪法币），尚比不上三哥家一个洗衣煮饭女工的实际收入。关于这些简直使徐僖不能理解。他把社会的一切现象错误地看成是不会发生变化的状态，担忧在这人吃人的社会中，他亦有可能被人当成了点心。

1945年底，经姐夫张祖培介绍，徐僖与瞿光楣认识了。[①] 自此可见，张祖培是徐僖一生最大的恩人。他不但坚决地把徐僖拉上了求学之路，还帮他结识了终身眷侣。

瞿小姐后来活到八十余岁，丈夫陪她走过了她人生的最后两年。她在时，徐僖每周三都会坐三轮车和她一起去望江公园与老友聚会；她去后，望江公园就再难见到徐僖的身影。

瞿光楣身世颇为艰辛，上有姐姐一人，下有弟妹七人。抗日战争期间，她们一家大多数人随父亲瞿保裳内迁，只有她姐妹三人留居在沪。一家大小的生活费与光楣弟妹们的读书费用，就压在小学教员光楣及在育婴堂担任护士工作的大姐（大楣）和三妹（明楣）身上。

瞿光楣和徐僖认识后，彼此十分亲近。她并不因为徐僖家庭的复杂对他产生不必要的疑虑，而徐僖亦不因为她家境的贫穷而对她有所轻视。她家当时

---

① 当时瞿光楣在上海煤业义务小学教书，张祖培担任该校校长。

住在泥城桥一家棉花铺楼上的亭子间内。 徐僖经常前往寻取温暖。她的弟妹们都非常真诚，他们称呼他为"阿哥"，使他感到十分高兴。

瞿光楣是一位早期共产党员，曾于1942年在上海由王良才同志介绍加入共产党地下组织，于1944年因舍不得离开她的母亲（王秀锦）和弟弟去苏北而暂时脱党。这位忠诚的共产党员曾不止一次地向徐僖讲解党的种种，不但盼望自己能恢复组织关系，同时希望丈夫亦能申请入党。可那时徐僖除了集中精力把课教好并把饭碗保住外，再无勇气做其他任何打算。

20 世纪初，晚清以降，国门开启，国人睁眼看世界，神州大地掀起了一股留学潮，有志青年竞相前往。

正当徐僖感到山穷水尽之时，已经断断续续 30 年的庚子赔款资助的留学为他带来转机。

庚子留学为中国培养了一大批人才，20 世纪初叶各界许多闪光的名字，如胡适、竺可桢、钱学森、陈省身等，都是出自这个阵营。

在徐僖赴美留学的日子里，他第一次闪耀出令人钦佩的灵魂之美。一个人只有将精力集中于一个目标，不在其他任何无关欲望上浪费心力、分散精神时，才是伟大的。徐僖的伟大之处并不在于他日后将取得的令人眼花缭乱的成就，而在于此刻乃至贯穿一生的——追求梦想的决心。

第四章　搏（1947—1949）

辛丑条约签订场景

第一节 转机

新旧同治，殊途同归。立德立言，无问东西。

——摘自清华大学校歌

1947 年，徐僖和瞿光楣结婚了。此时他一直寡居的大嫂和三个儿子（光祺，光禄，光祯）以及他二哥前妻的遗孤（光祐）由于不能与徐僖父兄们很好地相处，全部迁至徐僖处，与他们一起生活。

"沉重的负担简直够受"[1]，妻子白天在光华大学图书馆工作，为了能获得额外收入，夜晚还经常加班加点地工作；徐僖自己亦不得不前往中学兼职。

正当徐僖感到山穷水尽之际，命运之神再次微笑着扭转了轮盘——徐僖看见了《大公报》于 9 月 5 日刊登的消息。只见第二版上赫然写道："中华教育基金董事招考留美学生 5 名，其中化学专业 1 名，每年公费三千美元。"徐僖立即前往应考并被顺利录取。事后他才知道，支持自己前往美国留学的公费就是颇有历史渊源的"庚子赔款"。

庚子赔款源于庚子年间的义和团运动。是时正值山东洪水暴发，灾民流离失所，义和团用袭击山东省境内外国传教士的方式，发泄自己的愤怒。慈禧太后盛赞义和团成员的所作所为，并给予官方支持。

事情发展到最后，1900 年 8 月 4 日，美国、英国、日本、俄国、法国五国组成的一支两万人的军队开始对义和团宣战并迅速取得胜利。1901 年 9 月 7

---

① 徐僖，1956，《徐僖自传》，徐僖档案 1。

日上午，清廷全权代表奕劻和李鸿章与 11 国代表签订了《辛丑条约》，赔偿各个"受害国"的军费、损失费本息合计共 9.8 亿两，是为"庚子赔款"。

这笔账本来应像泼出去的水一样在历史中成为过眼烟云，然而转机却在 1904 年悄然发生。中国驻美公使梁诚在与美国国务卿海约翰谈判中敏锐觉察到美国政府已发现其有关部门在上报庚子之乱的损失之中，有"浮报冒报"的现象，导致美国最终得到的赔款总数是美国提出的索赔金额的近两倍，于是这位勇敢的驻美公使据理力争，在美国国会及议员中四处游说退还不实赔款。

天时地利，美国伊利诺大学校长爱德蒙·詹姆士、美国传教士明恩也大力支持他的义举。他们的努力最终打动了美国总统罗斯福，他给国会提出了一个咨文，指出："我国宜实力帮助中国厉行教育，使此巨数之国民能以渐融洽于近世之境地。援助之法宜招导学生来美，入我国大学及其他高等学社，使修业成器，伟然成才。"

美国总统罗斯福此举可谓是"人和"，为庚子赔款走出了决定性的一步棋。1908 年 5 月 25 日，美国国会通过罗斯福的咨文。7 月 11 日，美国便将所得庚子赔款的半数退还给中国，作为资助留美学生之用。①

---

① 在所有侵略中国的西方列强中，只有日本没有归还庚子赔款，而是全部用来发展军事。

然而，对美国将以设立资助中国学生留美奖学金的形式归还中国的举动，中方最初表示反对，希望这笔钱可以用于兴修铁路、煤矿，或是金融投资。但美国政府坚持认为，以奖学金项目的形式归还余款，可以培养一批在美国接受教育的具有影响力的未来领袖，并像一位教育学家所阐述的那样，"在智识和精神上对未来中国的领导人施加控制"。

经过 4 年的讨价还价，庚子赔款奖学金最终于 1909 年设立。中国负责留学生的选拔和训练，并将每年筛选出的人选送至美国。这些被派遣的学生，均是"身体强壮，性情纯正，相貌完全，身家清白，恰当年龄"。在他们之中，有 80% 学农业、机械工程、矿业、物理、化学、铁路工程、银行等，其余 20% 学法律、政治、财经、师范等。

就这样，这个诞生于仇视西方背景下的奖学金项目，在后来几十年里帮助留美中国学生成为中国学术界、教育界和政治界最闪亮的"明星"，而他们的言传身教，又深深地影响了后来者。①

因此，1947 年徐僖通过的是一场对当时的他来说最重要的考试。和他同船出国、同船回国的同学们都在日后成了著名院士、知名学者或教育家。而

---

① 到了 20 世纪 30 年代，美国已超过日本，成为中国留学生最多的国家；同时，美国还在中国建立了 12 所教会大学，燕京大学、清华大学便是其中之一。

第二次庚子赔款留美学生

且当时报名并不复杂，仅需将大学毕业文凭、大学毕业后工作两年以上的证明文件和论文送给议会审查即可。然而录取却并不如表面那样简单：因为在"九一八"事变和"一·二八"事变之后，中国政府重新调整了项目的名额分配方式，以解国家存亡之际对技术人才的迫切需求。畛域之见被搁置一旁，改革后的选拔考试只面向每所大学数学和科学分数排前 4 名的毕业生，以及至少有两年科学相关工作经验的专科毕业生。所以当徐僖应试时，庚子赔款的录取范畴和录取率都降低了。

青年徐僖

　　尽管难度加大，徐僖依旧被顺利录取，成为当年出国的唯一一名化学留学生。[1] 回首往事，我们可以说是他对贫苦农民的同情得到了福报，也可以说是他从青年时期就具有力图开拓新领域的先见之明必然令他走向成功。总之，徐僖的人生就在这样宏大而复杂的历史背景下进行了悄然转折。在科学的世界里，你会发现任何微小的改变都会引起巨大的蝴蝶效应，徐僖的人生正经由这一步衍生出全新天地。

---

　　[1] 徐僖送交的论文是浙江大学毕业论文——《从国产五倍子提取丹宁，由丹宁制取楛酸制造塑料》的研究报告。这个报告让中华教育基金会的人欣喜地看到了我国摆脱"洋塑料"侵袭的希望。"报告中除有关提取丹宁及由丹宁制取楛酸的部分是侯老师的指导以外，塑料部分均是徐僖在自己钻研，无人指导。"——徐僖，1968 年 12 月 2 日成都工学院 401 教研组，"关于我去美国留学的问题"。

美国理海大学

第二节　决战

一个人生命中最大的幸运，

莫过于在他年富力强时发现了自己的人生使命。

——奥地利作家斯蒂芬·茨威格

理海大学（Lehigh University）位于美国宾夕法尼亚州费城以北 70 英里（1 英里≈1.6 千米）的伯利恒市，距离纽约仅 2 小时车程。这是一所以工程科学闻名的综合性大学，自创建以来，学校一直以工科为重点，至今学校仍有 50% 的学生主修工程科。由于每个班级平均只有 27 名学生，因此教授对学生的关注程度和彼此的交流机会大大提高。在徐僖到来之前，我国化学领域的前辈——著名化学家王琎也曾在此读过书。正是在这种氛围中，徐僖开始了一段新的学术生涯。

此时距他诞生五倍子塑料之梦已有 4 年光阴。焦虑感使得徐僖在这里生活的 17 个月里，除了上课、吃饭、睡觉以外，把全部时间和精力都用在桔酸与糠醛缩聚反应的研究工作中。

这是一场积聚全身力量进行的冲刺。校园风光旖旎，四季景物变换，春天姹紫嫣红，夏天荷香盈塘，秋天红染霜叶，冬天六出蔽空，但这一切他都视而不见。住所、实验室，实验室、住所，他运筹于斗室之中，决战于书桌之上。

一个人的力量被激发出来，就很难停下来。在理海大学的一年中，徐僖的生活领域从不出学校范围，对其他活动也漠不关心。当同学们相约去 PUB 放松一下时，他从来都是窝在实验室里。并非经济拮据，庚子赔款公费奖学金很多，但他把大部分的钱用来买书，只要和专业有关的书都买。

因此在相当长的一段时间里，除了与导师麦克教授及有机化学教授亚姆斯图滋博士在业务上保持一定的接触外，徐僖可谓是"与世隔绝"。尽管他是系里最好的学生，总能在课堂上切中要害地回答出最关键的复杂问题，得到授课老师尤其是麦克教授的特别关心和爱护，他依旧是老外同学们眼里蔑视的对象。他们嘲笑徐僖"死读书"，经常以《我若认识苏西》[1]一歌嘲笑他生活的呆板。

所有人中，只有一位叫周明镇[2]的外校朋友理解徐僖。他回忆："同学们都认为徐僖是'书呆子'，不过以我的了解，他对事业有很大的雄心。"[3]

在这短短的一年多时间里，徐僖收集了可能找到的全世界所有与塑料制造有关的研究资料，系统性地加以阅读。他每天花在读文献上的时间平均超过10小时。

这一年虽备感充实，但无疑也损害了他的健康，"致使他落下了右眼充血的毛病，最终完全失明"。[4]

---

① 歌中苏西是一位非常天真活泼的女孩，与徐僖姓名音同。
② 周明镇于1947年考取中华文化教育基金会的公费留学，和徐僖同船离沪赴美。1948年7月他取得玛雅来大学的硕士学位后便想去里海大学攻读博士，与徐僖同宿在一位钢铁工人家中。
③ 周明镇，1956年7月4日，"交代徐僖材料"，徐僖档案卷4。
④ 张洪浣，1968年12月15日，"交代有关徐僖的材料"，徐僖档案卷3。

鎏金岁月

    功夫不负有心人，一年之后，徐僖终于测定了五倍子塑料的分子结构。他将该研究成果写进毕业论文——《用中国五倍子制造塑料》中，顺利拿到了研究生学位。这篇长达28页的论文全部用英文写成，参考文献有近百条之多。[①]

    无数个日夜的实验，无数次反复推敲演算，最后汇聚成这一个可见的成果。以此为标志，徐僖奠定了他的学术研究方向，开创了国产塑料的先河。

    多年后，他的校友——国际高分子领域的权威Sperling先生又挖出了这篇论文。他发来一份传真，充满敬意地说："……它太优秀了。我把它给周围的人看了，应该让人们知道，在那么早以前，理海大学就有人对聚合物进行了出色的研究。"

---

① 一般来说，一篇国外大学的研究生论文有十几条参考文献就够了。

徐僖用不再年轻的手摸索着它，说不出话来。

如今，《用中国五倍子制造塑料》静静地躺在《徐僖院士文集》里，这本文集是徐老唯一接受的 80 岁生日礼物。

第三节　实践

"我最羡慕的是柯达公司老板。"

——青年徐僖

研究生毕业后，徐僖为能掌握一些实际工作经验，于 1948 年 10 月起至 1949 年初毛遂自荐地向十几家工厂请求，希望他们能允许他前往实习，结果皆被拒绝。有的工厂刚开始根据成绩都要他，后来得知他是中国人时就都不肯接收他了。

麦克教授对此很气愤，但到处替他想办法都没能成功。于是他再三邀请徐僖留下读博，但徐僖却拒绝了这个机会。

如果徐僖留下读博，或许人生会有另一番面貌。

他为何要选择离开？

其一，可排除金钱因素。因为导师表示愿意提供读博的奖学金，徐僖并无后顾之忧。美国工科类博士奖学金很丰厚，足以维持学习和其他开销，节俭一点还可以把妻子接来一起生活。

其二，可能因为孤独，但并非决定因素。在异邦的星空下，孤独的确是一个可以让人心理崩溃、放弃前进的杀手锏。但对目标明确的"工作狂"来说（徐僖此刻已然显露出这样的本质），这并不会成为一个威胁性的困扰。尽管他非常思恋妻儿，但实际上他并没太多时间孤独。除了准备实验、论文以外，他常常为美国纯粹的学术研究氛围和大量投入的研究资源所震撼，尤其是在有工业应用前景的学术领域。不管那些拿到庚子赔款奖学金的中国留学生前往美国学校前是否考虑过自己在那里可能收获些什么，很清楚的一点是，他们中的大多数人也都有这样的感受。

其三，恐怕也并非是所谓的"爱国激情"。当时旧中国尚属国民党统治，而徐僖一直对国民党放弃他的五倍子计划而耿耿于怀。再者，对一个满脑子都是学术研究，并且前途未卜的小小研究生来说，恐怕是没有工夫在脑海中构建"赶回去报效祖国"的宏伟蓝图的。只是有时，他会一闪念想到一位美国教授对他说的话。在徐僖留美期间，曾有一个美国教授问徐僖是哪国人，他说是中国人，这位教授就说："你应该回到你的国家去，建设你的祖国。"这句话让他想起了遵义土地上为五倍子操劳一辈子，需要他"拯救"的农民们。

那么，是什么原因让徐僖宁肯放弃继续深造的机会呢？

其实，着急将所学的东西转化为实践——这才是最直接的影响因素，背后跟徐僖急躁的性情有关。读博通常需要修3年课程，而他"嫌时间太长"[1]。3年时间，足以让一个新领域被他人捷足先登。

徐僖是一个做任何事都很有计划的人。他一定是对"留下读博"和"回国实践"两条路可能带来的利弊经过了谨慎、周密的衡量才做出了最后决定。

---

① 徐僖，1956，《徐僖自传》，徐僖档案卷1。

总之，现在他是铁了心要赶快学到美国先进的生产经验，再赶快回到国内实现自己的国产塑料之梦。然而，在毛遂自荐却屡屡碰壁的无奈下，原本清高的他也不惜降低"身份"，向自己做生意的三哥求助。三哥曾当过柯达公司上海的经理人，徐僖想利用他的关系进柯达公司实习，但没想到依旧吃了个闭门羹。

　　所幸美国人千不喜万不爱，还是喜爱人才。直到徐僖展示了自己发明的提炼药品的方法比美国一般的商品好，柯达公司才产生了想要他的念头。这时加上麦克教授的极力推荐和厂里一位华侨的帮助，徐僖终于在 1949 年春被同意进入纽约州拉撒斯德城柯达公司精细化学药品工厂实习。

　　美国伊士曼柯达公司 Kodak，简称柯达公司，由发明家乔治·伊士曼始创于 1880 年，是世界上最大的影像产品及相关服务的生产和供应商，业务遍布150 多个国家和地区，全球员工约 8 万人。该公司不仅生产照相器材，而且是美国较大的有机化学药品、合成树脂、塑料制品制造商之一。柯达公司的这座精细化学药品工厂，便是专门研究生产精细化工产品的。该工厂生产高级有机药品达 300 余种之多，亦制造没食子酸和糠醛，这些药品皆是制造五倍子塑料的重要原料，与徐僖学习、研究的内容相关。

　　这番实习让徐僖大开眼界。他曾对别人说，自己"最羡慕的是美国柯达公

1928 年的乔治·伊士曼和托马斯·爱迪生

司老板"，他几乎完成了徐僖少年时的全部幻想——有技术、有实业、有排场。

最初，徐僖为能进入这样的工厂十分高兴。"哪知到了工厂后，首先遭到种族歧视。"徐僖回忆道，"厂内几乎到处都是禁止通行或禁止入内的标志。四个月的工厂实习，他们仅让我熟悉成品包装以及为各研究室运送干冰和回收药剂的工作。"[1]

实际上，柯达工厂有许多车间与研究部门，但每个人只准在一个部门工作，每个部门都各有色彩分明的不同通行证，不允许到其他部门串门。徐僖自然不能例外，他也只能在一个车间里工作、走动。徐僖进入工厂后的最初两三个星期，完全当了杂工。

---

[1] 徐僖，1956，《徐僖自传》，徐僖档案卷 1。

另外，当时第二次世界大战后美国国内一个尖锐的社会问题是种族歧视和压迫，尤其是对黑人。黑人不但从事笨重的和最受轻视的劳动职业，而且平均工资只有白人的1/3到1/2。更荒谬的是，法律竟然规定黑人同白人不能同坐一个车厢，连餐车、卧车、厕所、售票口、候车室、行李室、出入口都实行种族隔离；在许多州，黑人甚至还不能和白人一块读书，同桌吃饭——这些种族歧视情况直到20世纪60年代美国黑人民权运动爆发才开始转变。

　　在1949年的美国，徐僖的黄色皮肤带给了他与黑人同样的歧视。记得刚来到工厂的第一天，一位管理人员就无意中刺伤了他的心。"唔，是个中国人！"管理人员两手一摊，肩膀一耸，对旁边的白人流露出蔑视的神情。

　　中午吃饭时，徐僖正向饭堂走去，却被挡住了。挡住他的人用手一指说："噜！"他顺着手指的方向看去，成群的黑人正向另一个食堂走去，那是有色人种专用食堂。此外，洗澡、上厕所，都必须进"有色人种澡堂""有色人种厕所"。①

　　"大老板的手段是毒辣的，但我的求知欲更强。"②徐僖坚持了他一贯不辜

------

① 徐僖，1969年2月17日，"关于我去美国留学问题的补充交代（关于中华教育文化基金董事会成员以及出国经过等问题）"，徐僖档案卷3。
② 徐僖，1956，《徐僖自传》，徐僖档案卷1。

负光阴的理念，在这一百多天的时间中设法与工人们和技术研究人员接触，偷偷地学习了一百余种特殊有机药剂的制备方法和操作。

具体办法是在每天临近下班时，他趁着到各研究室回收药剂及到各车间门口收垃圾的机会，与下班出来的人热情地打招呼，聊几句，问问里面的情况。每天午餐时，他又端上饭盒，去其他车间的工程技术人员那凑趣，在闲聊中打探化工信息的门道。

刚开始徐僖接连遭到冷遇，慢慢地局面开始打开。由于徐僖英语流利，人又勤快，渐渐得到了一些美国工程技术人员的青睐。人熟了，制度便放宽了尺度。当监工不在场的时候，他们也开始默认徐僖进入实验室、车间；有时对身边工程师讲解机器设备时，也不避嫌；除开搬运东西，徐僖偶尔还会被要求帮忙看看仪表和操作记录。

就这样，车间的点滴细节逐渐对徐僖铺陈开来。白天，他悄悄地把所见所闻都牢记在心，晚上下班出厂后便将心内的一点一滴记入他自备的、不敢给大老板们看到的记录簿中。

渐渐地，记录簿被各种数据和公式，许多设备的品牌、性能等信息所填满，他甚至还掌握了醋酸纤维、醋酸纤维薄膜和软片的成型产品检验方法，这对他后来从事研制高分子产品事业大有裨益。

他得意地回忆：“尽管每天进出厂时，门卫都要对我进行严格的全身搜查，然而他们却不知道我不用笔亦可以带走大老板的保密资料。”①

1949 年 5 月初，徐僖离开了拉撒斯德城。由于再一次获得了麦克教授的介绍和担保，他前往美国中部芝加哥城美国酚醛塑料厂参观了一周。

芝加哥是美国最美丽，也是最富裕的城市之一，街上满是飞奔的劳斯莱斯等名牌轿车，但时尚的外表掩饰不了当时意识形态的落后。在芝加哥的一周使徐僖看到居住在这座城市中的黑人过着牛马不如的痛苦生活，而这座城市社会风气的奢靡简直能吓倒路人。

---

① 徐僖，1956，《徐僖自传》，徐僖档案卷 1。

1949 年 10 月 1 日，中华人民共和国成立。

这是 20 世纪中国最为重大的一件事。祖国和妻子的召唤令他迫不及待地踏上归程，前方等待他的是新一轮征程。

徐僖归国后，其工作劲头比学生时代有过之而无不及。他常常夜以继日，争分夺秒地不停工作着。

实际上，这种在科学世界里遨游的满足感、这种在茫茫大海中突然发现新大陆的喜悦感——是每一个真正的学者都能体会到的，不比世间任何一种快感逊色。为了这一瞬间的感动，他们不惜在黑暗里摸索上无数个日日夜夜，直到曙光来临。他们是隐形运动员，意志坚强，身手矫健，智慧超凡；他们竞相攀登着只有同类才能看到的"喜马拉雅山"，渴望站到世界之巅。

不仅是科学，在文学、艺术乃至任何有梦存在的地方都是如此。它们像芳香四溢的蜜罐，吸引了人类最智慧、最高尚、最纯粹的灵魂沉溺其中。当追梦者遭受普通人不曾遭受的挫折时，他们也享受到普通人永远无法享受的美妙。

第五章　升平（1949—1954）

黄子卿

黄汲清

侯德榜

第一节　归潮

"亟盼能火速回国，参加建设。"

——周恩来

在柯达公司实习期间，徐僖经常收到妻子的来信。她一方面告诉他解放战争胜利的消息，另一方面也希望他能早日回国团聚。

1949年，中华人民共和国宣告成立。那时，中国滞留海外的学者共计5000名左右，其中多数是在美国，少数在欧洲。开国大典的礼炮震撼着漂流四海的中青年，刚刚成立的中央人民政府，也把争取海外科学家和留学生回国放到了重要的位置上。在周恩来的授意下，中国科学工作者协会向海外发出了号召——"诸学友思想进步，有专长，政府方面亟盼能火速回国，参加建设。"

但早在1949年5月中旬，徐僖就同爱国学者黄子卿（物理化学家和化学教育家，中国物理化学的奠基人之一）、黄汲清（地质学家，后为中国科学院院士）、符仁芳（后为贵州师范大学教授）等同乘由旧金山直航上海的威尔逊号轮船离开了美国。

6月11日，轮船抵达香港。远远的地平线出现时，徐僖紧紧握住船舷，神经都在微微颤抖。

然而，内战末端给徐僖的归国平添了复杂与不可控性。徐僖本欲从香港辗转到上海与妻儿团聚，可是当时上海已经解放，该轮船变更计划不再继续向前航行。

耽搁在香港期间他认识了著名化学家侯德榜。由于归家心切，他同侯先生结伴，冒险改乘英国太古公司北海轮绕道仁川去上海。可恨事与愿违，沿途国民党战机空袭不已，船行至汕头附近便被迫返回香港。

徐僖无奈滞留在香港半月之久，每天东奔西跑，始终未能找到去上海的窍门。他写信给二哥徐仲侃，二哥告知他父亲病了的消息，并请他去重庆小住。于是徐僖就将大部分行李寄存在香港，随身只带一小箱笔记资料，于6月27日赴重庆。

在离开香港前，徐僖曾遇到中华文化基金会董事长任鸿隽，徐僖问："我的研究报告交给谁？"

任鸿隽叹道："上海已经没什么人了，自己保存好了。"接着询问徐僖工作事宜。

徐僖答："光华大学条件很差，如果去那里也只能教书，研究工作是搞不成了。"

任鸿隽说如果不愿意教书而想去工厂或继续搞研究，可以找他帮忙。于是两人互通了上海的住址。

妻子瞿光楣因徐僖久不归家，又恐他在重庆为国民党政府工作，遂携带大儿光祝，在内弟①的陪同下由上海经汉口绕道岳阳、长沙等地于7月30日赶到重庆。

徐僖与妻子在重庆闲居月余，当时重庆大学（简称重大）虽有意聘请他任教，但是颇有政治嗅觉的妻子不同意他前往。夫妻俩经济无来源，生活费都由二哥徐仲侃供给。

然而国民党崩溃前夕，伪币混乱，动荡的年代使许多从前富裕的人变穷了。二哥生意也受到重创，自身难保。既然不能坐等重庆解放，徐僖决定再一次尝试去上海。

9月24日，他与爱人再一次分别，欲离开重庆去上海。因徐僖的行李暂存在香港，因此先去香港，再设法去上海。到香港后，徐僖因胆怯不敢探询开往上海的船只，在香港滞留长达10日之久。在旅馆曾有一不速之客邀他绕道宁波再搭船去上海，但徐僖认为他行动可疑，未予理睬。10月3日，徐僖身上只剩300港元，没有途径前往解放区，只好再次从香港返回重庆②。

解放区与国统区的艰难阻碍把徐僖独自留在重庆。在这期间，二哥认为徐僖是教书的，"在哪里教都行"，就劝他留在重庆教书。他有一位朋友叶宗高在

① 瞿蓉初，1956年在荣昌中国百货公司任会计工作。
② 行李直到1960年才被运回成都。

伪中央银行任副经理，与重庆大学有往来，就将徐僖介绍给重庆大学校长、化工专家张洪元。在校期间，徐僖任副教授，他与马寅初、柯召等被称为"重庆大学六颗星"。

二哥还有一个朋友周子辉，曾做过钱庄，当时正和一位姓文的合伙向别人租了厂房设备，开设一家诚城酒精厂。由于自己是外行，便请徐僖做技术指导。徐僖没有收取报酬，也未参加股金。[1]

1949 年冬，重庆解放。宋庆龄主办的《中国建设》杂志向海内外报道了徐僖回国的消息。

在 1949—1956 年的归国潮中，从事不同专业研究的海外学子都曾经历过类似曲折的景况。尽管如此，留美学人依然千方百计地设法回国。直接回家的路被堵死了，他们就利用赴别国工作、绕道他国、申请旅游等机会，迂回辗转而行。

与此同时，另一些受到麦肯锡政府阻挠的留美学人也在进行着不屈不挠的抗争。他们给周恩来总理写信，请求政府帮助；他们向美国总统致函，控诉不公平遭遇；他们借媒体之力，争取美国公众的同情。

---

① 徐仲侃，1969 年 3 月 27 日，"关于徐僖留学回国的情况"，徐僖档案卷 3。

100 多位中国留学生乘坐"威尔逊总统号"邮轮
于 1950 年 8 月 31 日离开旧金山回国时在船尾的合影

　　就这样，王承书、张文裕夫妇回来了，尽管回程中受到了种种阻挠和破坏；张斌、林同骥夫妇回来了，丢弃了汽车、房子和高薪；李恒德回来了，带回用 8 年心血收集的 1000 块金属样品；钱学森也回来了，历经了 5 年的磨难，终于回到了朝思暮想的家园。

　　还有更多的留美学人从海外陆续归来，如空气动力学家郭永怀，加速器专家谢家麟，生物化学专家王德宝，金属学专家师昌绪，水利专家钱宁，爆炸力学专家师哲敏……

　　中华人民共和国成立初期至 1956 年底，3000 余名学者、留学生从世界各地回归祖国，其中约 2000 名都是从美国归来，占当时全部归国学人的 2/3。这批归国学人为新中国的各项建设事业做出了巨大贡献。

邓稼先　　　屠守锷　　　钱学森　　　郭永怀　　　杨嘉墀

陈能宽　　　吴自良　　　任新民　　　朱光亚　　　王希季

留美归国且获得"两弹一星"元勋称号的科学家们

第二节　辉煌的冲刺

想喝水时，仿佛能喝下整个海洋——这是信仰；

等到真的喝起来，一共也只能喝两杯罢了——这是科学。

——俄国小说家契柯夫

1950 年，徐僖给上海任鸿隽写信，告诉他自己"在重庆大学化工系工作，设备条件很差，除教点书外，没有搞研究工作"。数月后他接到任隽鸿的回信，他问徐僖是否愿意去永利工作，他可向侯先生推荐。徐僖回复，由于重庆大学校委会及西南文教部认为西南教学缺人，不允许他离开重庆大学，因此自己会继续留在重庆大学教书，并创造条件搞点研究工作。

就这样，徐僖在重庆大学开始了自己的第一段教学生涯。中华人民共和国成立初期徐僖在经济上并不富裕，为了减少学校开支他自备药品进行科学研究，同时出差不领补助。他的宿舍地面终年积水，床下竟然长出了青草并引来了青蛙。

当时重庆大学化工系、化学系及西南工学院化工科师资缺乏，因此徐僖在同一学年内担任了化工设计、化工热力学、化工原理、分级蒸馏、空氧调剂与冷凝分析化学、塑料工业、未饱和有机化合物、有机化学（部分）及工业化学（部分）等不同程度的课程。

每晚备课到深更半夜，但他"从未咕噜也未叫嚷"。他像一位前线战士，一切艰难困苦都难不倒他，最担忧的只是自己的研究事业无法完成。

然而，他并不知道命运正在悄悄地为他搭着红线。不知是他运气好，还是善于表现自己的天性使然，徐僖一生常遇贵人，而遇贵人最多的地方就是在从美国回国的那艘船上。这不，地质学家黄汲清就算一个。

徐僖留学回国途中曾与黄汲清同船，中华人民共和国成立后黄任西南地质局局长一职。同船期间，徐僖向黄汲清谈起过他的五倍子塑料，因此黄汲清回到重庆后，将徐僖介绍给西南财经委员会（简称重庆财委）的主任委员李斌[①]。1951 年，由于李斌的关系，西南财委找出了徐僖抗日战争胜利后不久提出的那份建议书。

天时、地利、人和再次向徐僖聚齐。当时西南工业基础十分薄弱，由于我国没有塑料工业，又被国外封锁禁运，塑料制品奇缺，连衣服纽扣和一般家用电器的插头、插座都很难买到。重庆市政府认识到，徐僖的建议很重要，在石化产品亦奇缺的情况下，用西南地区的天然材料创建我国的塑料工业意义十分重大。

---

① "文化大革命"前，李斌由西南财经委员会调成都任四川省副省长，后曾推荐徐僖评过劳动模范、四川省人民代表和全国人民代表。——乐以伦，1968 年，关于徐僖的材料，徐僖档案卷 3。

热火朝天地工作·重庆棓酸塑料厂

　　于是他们找到重庆大学协商此事，希望委托徐僖搞棓酸塑料研究。梦想突然间实现，徐僖喜出望外，但也感到沉甸甸的压力。"我能挑起这样的重担吗？"他竟生出了几分不自信。在领导的劝说下，他最终鼓起勇气，迅速编制出研究计划和经费预算。

　　西南财委在收到计划及预算后一星期的时间，便拨下 2.3 亿元[①]的专款。以后西南财委将这项工作交给重庆工业局，工业局又托重庆大学教师乐以伦找来张承琦、曹开源组成棓酸塑料研究小组。他们一方面筹建工厂，一方面培训工人技术干部。

　　① 指旧人民币，一万元旧币等于后来的一元人民币。当时，一百元旧币即一分钱，可买到一个鸡蛋。

　　一个由数十人组成的规模较大的桔酸塑料研究小组以闪电之势迅速建立了。他们采用自己设计的设备和工艺流程，利用国产五倍子和一些农副产品为原料进行五倍子塑料中试研究。

　　研究小组从上到下的干劲都很高。领头人徐僖亦和干部、工人一起劳动，拉板车、抬机器、安装设备，无所不干，热火朝天。在全体工作人员的努力下，不到六个月便试制出纯度高达98%的桔酸。组内党团员周安煦及董一金等人，都能服从徐僖的领导，认真执行徐僖分配给他们的工作，使徐僖对共产党员的高贵品质大为感动。

　　在以五倍子试制塑料的实验过程中，因为组内人员都感到任务光荣，虽然领导一再劝阻不重视健康的过度劳动，可是他们还是经常夜以继日不停顿地工作。然而，由于对实验过程的错综复杂分析得不够细致，以致发生了两次重大事故。

　　一次，他们在进行脱羧反应时发生了爆炸。由于没有掌握好反应速度，反应速度过快，冲出的气体使反应釜的铁盖挣脱了卡子的束缚，"嘭"地一声冲上了天，又"哗"地一声落在重庆大学工学院大楼前的大路上，使众人大吃一惊，不幸之中的万幸是没砸着人，也没破坏建筑。

还有一次，焦化棓酸的高压操作中，又发生了一次严重的爆炸事故。焦化是一种高压反应。由于反应釜质量较差，操作又缺乏经验，突然"嘭"地一声巨响，烟火冲天，反应釜炸了，二三十公斤重的釜盖飞过试验场地旁边一栋跨度数十米的房顶，又飞出一百米左右才落下来。万永康被气浪冲得腾空而起，摔出三十几米远才落地，一条腿立即被折断了。周安煦被冲击的高压蒸气灼伤，不但双目失明，同时被灼热的焦棓酸蒸汽烫伤了全身。

在医院施行手术前，包括主治医生在内，几乎没有一人不是认为他们凶多吉少。然而万永康却视死如归，既未怨天亦未尤人。周安煦则紧握住徐僖的手，用微弱的声音说："徐先生，我的工作没有做好。"两个人为了新中国的建设舍生忘死的态度，使他感动万分。

当时徐僖很想以命换命，又很想取出他的良心使他们明白，他一定有能力攻克技术难关，完成党组织交给他们的任务。这是一次血的教训。也是徐僖决心丢开个人的一切，立志为共产主义事业奋斗到底的开始。

由于事故的发生，街谈巷议，自然难免："这样的土设备能耐高压吗？""这样的土设备能生产塑料吗？"

与此同时，不少人还议论徐僖这位试验者的责任。所幸周安煦和万永康的病情逐渐好转，这些流言蜚语也很快被平息。

此后，徐僖痛定思痛，顶着失败的阴影，带领研究小组继续反复试验，最终解决了五倍子塑料聚合反应工程化问题，用五倍子生产的苯三酚与从农作物下脚料糠壳中提取的糠醛进行缩聚反应，成功制得的五倍子塑料（苯三酚‐糠醛塑料）。1952年底，研究小组宣布棓酸塑料中试成功，研究工作胜利结束。

五倍子塑料的研制成功让徐僖颇为感慨：

"五倍子塑料的诞生，是党和政府对科学的重视，对一切尤在萌芽新生事物的支持……这一事实使我确信在毛主席和共产党的领导下，祖国虽穷，但资源都将发挥它最大的作用……使每个人尽量发挥他们最大的才干和能力。"[1]

或许此时徐僖才第一次把对"劳动人民的同情"和"爱国热情"真正联系起来。他已做好准备，要将自己的一切都回馈给党和祖国。

同时，他的资本家之梦似乎也起了变化。他以一颗丹心忏悔道：

"在求学时代他曾有过赤手起家，准备在当上企业家后再当慈善家的幻想，这是致劳动人民于死地，而后伪装良善的残酷举动。幸亏未成事实。否则他一定成了一名杀人凶手。"[2]

---

[1][2] 徐僖，1956，《徐僖自传》，徐僖档案卷1。

1953 年 5 月 1 日，中国有史以来第一个用自己原料进行生产的棓酸塑料厂正式在重庆开工生产。国内媒体纷纷报道："这是我国第一个自制塑料的工厂"①"这是我国第一个用自己的原料进行生产的塑料工厂"② "这显示出我们的化学工业已摆脱了对帝国主义的依赖，在这方面取得了独立"。③

1953 年，重庆棓酸塑料厂被列为国家第一个五年计划的重点建设单位。

棓酸塑料研制的成功徐僖居功至伟。他对这项工作投入了全部激情。

当 1953 年研究小组全部工作人员转向工厂的筹建工作时，徐僖的父亲在二哥家病逝，他老人家在逝世前曾经病卧了六七个月之久，而徐僖因工作十分忙碌很少前往探望，最后他向私人借款及学校贷款替父亲办了丧事。

徐僖让理想之火始终处于熊熊燃烧状态，这种偏执的专注令他走向成功。然而，他的激情中有某种可怕的东西，它的存在使理想本身变得伟大，同时又带给旁人不可名状的压力。好友武宝琦说：

"有一次，他请我帮忙装一只恒温箱和控制设备，一直在研究小组搞到深夜十二点才放我回去，他当时的工作热情，使我甚为感动。但由于他不善于激

---

① 新华日报，1953 年 5 月 10 日，第一版。
② 人民日报，1953 年 6 月 4 日。
③ 重庆日报，1953 年 5 月 5 日，第一版。

发鼓励职工群众的积极性，使生产任务不能完成。他性格是很倔强的，甚至有些固执，也不够谦虚。"①

　　如好友所言，中华人民共和国成立后，徐僖对工作一贯积极主动，热情负责。但他却忽视了团结同事和一分为二地对待不同意见，严重地脱离了群众，以致正蓬勃开展的事业遭受到不该有的损失。但他醒悟后能立即改正自己的错误，迅速地使工厂日趋好转，为国家积累了一定的财富。

　　从这件事徐僖认识到他适合做科研，并不适合当领导者和决策者。此后一切跟研究无关的管理工作他都推给胡治源厂长去做。1954 年 8 月底，他被调往成都工学院塑料教研组工作。令他抱憾终身的是，在离开棓酸塑料厂时，尚有一系列有关生产技术上的关键问题与薄弱环节未能彻底地解决。

　　同年 8 月，在苏联专家别什赫诺夫指导下，棓酸塑料厂开始试生产酚醛塑料。②

① 武宝琦，徐僖资料，徐僖档案卷 3。
② 酚醛塑料的制造基于国外已有的先进技术，流行至今。

重庆大学棓酸塑料基地旧址纪念碑

四季度，棓酸塑料停止生产；重庆棓酸塑料厂随后更名为重庆塑料厂。轰轰烈烈的国产五倍子塑料昙花一现后，就消失在了历史洪流中。[1]

----

[1] 但棓酸塑料厂开创的用非粮食物质原料代替石油化工原料制取塑料的新路线，在全球石油资源渐枯竭的今天逐渐显示出其重要意义。

第三节　异类

每个人都有他的隐藏的精华，

和任何别人的精华不同，

它使人具有自己的气味。

——法国思想家、文学家罗曼·罗兰

　　1954年秋，徐僖在成都工学院开设了我国高等学校第一个塑料专业课——高分子化学原理。[①]这是一门关于塑料化工制造的基础课程，对徐僖个人的一些工作及这一领域其他前辈大师所做的工作进行了回顾与解释。

　　当徐僖第一次大步流星地走进教室的时候，他的学生们都很吃惊。因为身材瘦削的徐僖显得非常年轻，比他当时的实际年龄还要年轻得多。他总是西装革履，系着领带，显得十分正式。他语速极快，声调略高，却条理清晰，仿佛体内蕴藏着无限能量。在58年后我对徐僖进行的采访中，他依旧保持着当时的风范。只见他眉心光洁，眉头高昂，尽管右眼已因失明而灰暗，左眼却依旧目光锐利。

　　当年大家认为，能够跟着麦克的得意门生、大名鼎鼎的徐僖上课，是一件令人兴奋的事情。然而，这种兴奋的感觉很快便让位给恐惧。这个小个子教授疾风骤雨式的授课风格让他的课堂变得很有压力，许多学生直到半个世纪后仍对其记忆犹新。

---

　　① 1953年春，在重庆棓酸塑料厂正式投产前，高教部就已下达任务，令徐僖负责在原四川化工学院筹建我国高等学校第一个塑料专业，当时亦称高分子专业。

例如，在没有投影仪前的每堂课，他都会在黑板上狂写板书。从门前经过的人甚至可以听见粉笔吱吱作响，而学生们尽可能地跟上他的速度狂抄。

20世纪80年代，当徐僖因科研工作和出差频繁而担心完不成教学任务时，会连上一场四学时的马拉松大课。在整个授课过程中，他精神抖擞，毫不间断，这对年青老师来说都是件难以完成的任务，他一个年迈体弱的老教授却做到了。这是徐僖履历表上光辉的一笔，但却是学生们心头可怕的事情——他们被累得筋疲力尽。

此外，徐僖出过的那些难得要死的考试题、给一些学生打的那些惨不忍睹的分数，以及让人两腿发软的毫不留情面的评语也让学生记忆深刻。

"你要足够聪明才能看得出他在题目里绕的弯子。"一学生回忆道。他编写的教材《高分子化学和物理学》也因为写得"过于新、全、深，脱离学生实际接受水平"而在1960年的教改中受到了批评。

徐僖对自己和学生的要求一样高，他将全部身心投入到工作中，也希望学生能和他一样投入与专注。而当这些学生稍有懈怠时，他就会生气。

郑强曾这样回忆恩师："徐先生布置了一项工作，是'追'着、'推'着你去办。稍有耽误，先生就会批评。"

还有一次，四川大学（简称川大）高分子学院雷景新教授将一份论文的初稿交给徐僖审阅，徐僖看到初稿未经认真校对便打印出来了，随即便撕掉稿子扔给了他。郑强也遭受过如此待遇，有一次他参加国际会议做英文的 Poster，改了几次，以为可以完成任务了，可还是被打退回来。

有时，尽管徐僖真心想帮助他人，可却一点儿忙都没帮上。例如，他要学生们"有问题尽管提"，可当学生提出一些水平不高的问题时，他又会因此而生气；还有一次，他热情地对青年教师说："你好好搞英文，我安排时间给你答疑。"但第一次答疑时，他的脸色就很难看，导致这个老师以后再也不敢去问他了。

或许，如果徐僖在教学中可以放松一些，收效也许会更好。他集中轰炸式的教学风格和求全责备的天性吓坏了一些学生。有的学生一看到他那极具穿透力的目光，就顿时双腿发软。一个女学生甚至悲叹道："我真不幸，被分来做徐僖的研究生。"

然而，非议之中也有正面评价，这来自能够认识到徐僖授课内容重要性的学生们。有些校友指出，当时还没有一所大学可以像成都工学院一样开出如此深入和理论严谨的塑料化工课程，而这都拜徐僖所赐。还有一些学生非常崇拜

成都工学院60级毕业生合影

徐僖。如53级毕业生郭孝敏说："只要能跟着徐先生当两年研究生，死了都值得。"①

另外，他在与学生信件来往时总是个非常棒的老师。他曾在回信中深情地勉励学生："伟大的作家莎士比亚曾说，'苦难可以考验一个人的品格，非常的遭遇可以显出非常的气节'，顺境不傲慢，逆境不气馁，人穷志不穷。相信你

---

① 1957年，中国首批塑料专业高等技术人才毕业了。这批学生中，除去转学、降班的，最后毕业的有20多人，并立刻成为"炙手可热"的人物，毕业生大多去了科学院、设计院、兵工厂等单位。

20世纪50—60年代成都工学院
年轻的二级正教授名录·川大校史馆

们在亲人和社会的关爱下，在学校和老师的教育下，通过自强不息的努力，会成长为祖国需要的人才。"

高分子材料学科诞生以来，学界普遍认为这是一个化学学科，都采取"用化学方法解决化学问题"的老思路。而徐僖独辟蹊径，提出了"用物理方法解决化学问题"的新理论，在国内开创了高分子力化学的研究工作。这一新思路，在全球也属领先。

由于对化学专业贡献巨大，在20世纪50年代，徐僖就被聘为二级教授，此时他才三十多岁，如此年轻就成为二级教授，这是非同寻常的。

然而，和在重庆大学以及重庆棓酸塑料厂时一样，他仍不善于团结同事。由于他的直率、不善变通，他与成都工学院的其他教授时常发生分歧，对于塑料系本身，他也越来越不满，这种冲突在成都工学院的研讨会上不断出现。有时教研组会举办研讨会，目的是促进学生、教授和学者之间友好的意见交流。但每当发言者犯错误时，徐僖便会立刻指出错误。这样做并不是为了羞辱发言者，是徐僖的标准太高了。他毫无顾忌地表达自己的看法，虽然是因为他习惯了直言不讳，而且要求严格，但有时过于尖刻的言辞还是会伤到他人，这并不值得提倡。

　　徐僖对于那些他认为理论上不够严谨的人态度尤其尖锐。这些人很多都是塑料教研组的资深员工，其中一些人仅读了大学本科，甚至有人根本没接受过大学教育。因为在那个时代，这一领域还是一门新兴学科，没有相关的大学课程存在，懂它的教师与技术人员都很少。

　　智力、学术上的鸿沟，或许是徐僖"坏脾气"最大的缘由：他对塑料化工教学的教材、讲义的苛刻和对教师专业素养的高要求，使得他成为一个"异类"，因此一些同事对他采取敬而远之的态度。

　　徐僖对塑料系里那些工作不够认真负责的同事表现得之所以格外"粗鲁无礼"，很可能还源自他想创办全国最知名塑料系的雄心。

1958 年，徐僖创办的国内首个塑料工程高级进修班部分教师学员 ①

　　① 20 世纪 50 年代后期，徐僖设法开办了高分子材料进修班，同苏联塑料专家阿费·尼古拉耶夫等人合作培养了来自兄弟高等学校的骨干教师和研究单位及大、中型企业的工程技术人员数十人。到 1978 年，塑料专业已发展成高分子材料系，设 4 个专业，共有 40 多名老师，本科学生一个年级约有 180 人。后来由成都工学院改名的成都科技大学 3 个全国闻名的强势专业——高分子材料、水力学、皮革化学与工程中，有两个都来自他的领域。截至 2013 年，四川大学（后来成都科技大学并入四川大学）高分子科学与工程学院教职工共计 162 人，在读本科生 1568 人，硕士生 522 人，博士生 118 人，在站博士后 8 人。徐僖还于 1989 年创建了我国高分子材料领域最早的国家重点实验室，这里成为他老之所终（摘自四川在线《"中国塑料之父"徐僖遗憾离世》追踪）。

1951—1960 年，中国掀起了数次政治运动，中国人在这些浪潮中颠簸、起伏。

这段岁月初始，亦是徐偮告别学生年代、踏入社会的开始。像徐偮这种感情激动的人，既不左顾，也不右盼，就像给一个吝啬的人看除财物以外的任何东西，他都不会从自己的钱柜上抬起头来看一眼一样——徐偮对科研世界以外的任何事物都不予理睬。

回顾徐偮回国这十年，屡屡使他陷入危险境地的恰恰是他身上最动人的品质：一心坦荡，蔑视闲言碎语，重视专业素养。这本是一种优良品质，以及发自内心深处的坦白率直，然而也正是因为他的直率、不善变通、不善于团结他人，常使自己陷入举步难行之中。

第六章 波折（1951—1978）

第一节　沉浮

1951 年底到 1952 年 10 月，国家在党政机关工作人员以及私营工商业者中开展"三反""五反"运动，具体来说就是"反贪污、反浪费、反官僚主义"和"反行贿、反偷税漏税、反盗骗国家财产、反偷工减料、反盗窃国家经济情报"。

这是中国接下来 20 多年里一系列运动的开始，徐僖在这段岁月之初就显得有些水土不服：当系上"三反一组"查徐僖负责的棓酸药品账目时，他感到对方是"以小人之心度君子之腹"，拒绝检查并与对方起了争执。

除了对"不信任自己"的抵触，徐僖工作上的另一大特点即极度重视提高自身专业水平。当徐僖在重庆大学担任副教授时，教研组对《高教 60 条》（1951 年下达）做学习和讨论。他执笔写了一篇《我们在师资培养提高工作方面的一些作法》的演讲稿，对《高教 60 条》中第 46 条有关红与专关系的社论写了如下一段话："红与专是对立的统一，没有不结合政治的专业，也没有不结合专业的政治，必须通过我们的业务来体现我对于社会主义事业所做的贡献，来衡量我们的红。"[①] 在当时的环境中，这种说法是不合时宜的，而徐僖却白纸黑字地将它写了下来，成了被人攻击的把柄。

尽管工作上磕磕碰碰，尽管性格上的倔犟，由于徐僖的才华和真正为社会主义事业忘我奋斗的精神，使得组织上对他另眼相待，或者说实际上是予以保

---

① 成都工学院党委宣传部，1963 年 4 月，"徐僖材料"，徐僖档案卷 1。

徐僖精神飒爽地授课

护。而另一些人，包括徐僖的好友却在运动中成了牺牲品，徐僖还愤怒地为他的好友写起诉书，对此事表示不满，可最后也化为历史烟云，不了了之。[①]

雨后常有短暂彩虹。1956 年正是中国工农业大规模建设初期，周恩来总理指出："在社会主义初期，除了依靠工人阶级的积极劳动外，还必须依靠知识分子的积极劳动。"周恩来的报告及随后的"双百方针"大大激发了中国知识分子与干部的积极性。这一时期里徐僖一扫阴霾，意气风发，积极工作。

徐僖在教研组里提倡"装汤圆"（业务）的论点，认为肚子里没有一些"汤

① 徐僖，1968，"文革检讨"，徐僖档案卷 1。

圆"很难胜任教师工作。他对教师们说："茶壶里有了汤圆就好办了。倒不出来，筷子夹也要把它夹出来。""谁有汤圆谁就能说话，吃得开。"这些话使教研室里对业务不太熟的一些人有些抬不起头。

徐僖还高兴地说："天下大事有党压顶，生老病死有党照顾，用不着自己操心。我现在连储蓄都不储了，把剩下来的钱都买了书。我们是提高自然科学的……一定要在业务上下功夫，做出些成绩来，否则死后两袖清风，开追悼会时连祭文都没有办法写。"

在政治运动中，徐僖不但未受到冲击，而且专长得到了发挥，他对党是感激的。不但如此，他还曾是成都工学院"九三"整风领导小组负责人，还在一次教师联名活动中阻止了集体签名，既保证了运动的正常开展，又保护了学校的知识分子、专业骨干。

20 世纪 50 年代，徐僖一心想建成全国闻名的塑料系，因此常常找领导争取，要到了许多先进设备。例如在建立塑料专业时，为购置和分配教学设备，他曾说过："要想设备到手，非争不可，要有像我这样的'打手'才行。我们教研组这些设备皆是我'吵'来的。"

他强调教学设备要齐全，教材要出版得多，师资要配套。认为有了这些别人就会"看得起我们的专业，就会找上门"，"如果每届毕业生中有几个拔尖生，我们专业的名气就更大了"。

然而一些同志对徐僖教研组仪器设备的积压提出许多意见。徐僖抱着"反正我不是为个人，要误会我也好，怎样也好，请便！"的态度，继续我行我素。

一天晚上，一位领导来徐僖家说："我认为塑料教研组在过去几年里购置的设备绝大多数是符合教学需要的。在仪器设备利用率方面，学校和工厂情况不同，不可能日日夜夜不停地使用。"徐僖为自己遇上知音很高兴。

不料第二天上午教研组会上这位领导却发言说："塑料教研组的设备积压现象是严重的，这与徐先生好大喜功的作风是分不开的，浪费了国家那么多才财产，很痛心。"

会议上大家的控诉本来已使徐僖不胜其烦，这位领导的无端指责又激怒了他。

徐僖认为自己的所作所为完全是为了教学和科研，是一心为公的，然而却被误解和指责，以致正常的教学和科研工作无法开展，因此心灰意冷。

徐僖开始改变战略——他选择了沉默的英雄主义。

暗地里，他却暗暗憋着一口气，他相信总有一天人们会理解的。

塞翁失马，焉知非福。"棒打西瓜园"（拒绝别人善意批评的意思）的教训保护徐僖度过了今后岁月里的重重危机。他的个性有所收敛，且由于他的学术声望和社会影响，得到了学校格外的帮助和信任。

因此，在学校派他赴苏联访问，邀请他参加广州科学规划会议和民主党派的一系列神仙会后，徐僖"受到很大教育和启发，情绪明显好转"。他向党委表示："过去问题就此了结，没有必要再谈，现在应以工作为重，何况过去自己也有缺点。"他说："党还是爱护我的。没有过去的运动，群众的帮助，我徐僖也不会有今天。请党委放心，今后绝不动辄闹别扭，请看实际行动。"

1963年，徐僖参加了为期一个月的劳动锻炼。事后，成都工学院党委宣传部对其鉴定中写道："在劳改锻炼、技术革命、教育革命等运动中，他表现都很好，资产阶级思想作风有所改进，同群众关系也有一定改善。"——这些都证明了徐僖的转变。

徐僖的转变给他带来的最大收获则是1960年时有机会潜心编写《高分子物化学原理》。为了写好这本书，每天他都把自己关在屋里做这件事情，然后每星期交出一章誊写得整整齐齐的文稿。以这种速度撰写关于一门新学科的技术资料，实在有些惊人。本书以不可思议的速度完稿，并于1960年4月出版，

我国第一本高分子教科书——《高分子物化学原理》

或许这样的速度只有徐僖才能做到。

那时全国的塑料工学专业都没有一本正规的专业教程。《高分子物化学原理》成为中国高等工科院校第一本高分子教科书，出版后成为当时国内高等学校高分子专业普遍采用的教材，作为塑料、橡胶、涂料、人造皮革和离子交换树脂等专业课的先修课程，结束了该专业全部采用国外书籍，没有中文书可读的局面。出版后该书又再版两次，总印数达 24300 册，在当时是一个天文数字。

"我要在高分子方面死后留名"——当人生旅途过半，这位既无任何爱好、又对金钱和政治丧失了兴趣的中年学者，把自己全部的精力、梦想和欲望都转换成了对科学的追求。

如 2013 年 2 月徐僖逝世后，天府社区一位网友曾写道的那样："徐僖的大名，我们这一代人那是早就已经知道的了，因为他是中国塑料之父和中国高分子科技的开拓者，是当年成都工学院的招牌教授。徐僖的名气，是与当年四川大学的蒙文通、徐中舒等文科大师是齐名的。这就是说，过去以往的四川文化界，一说其本土的文科学术名人，就知道王光祈、廖平、蒙文通和徐中舒等人，但一说起四川的科技名人和大师，许多人就只知道徐僖一人了。徐僖是新中国历史上四川最著名的科技大家。"

第二节　曙光

当一个人镇定地承受着一个又一个重大不幸时，他灵魂的美就闪耀出来。

——古希腊哲学家、科学家、教育家亚里士多德

茨威格曾说："一个人，倘若他想要自己的精神和意志拒绝被扼杀在现实世界，那么他势必要想方设法在这个世界之外找到藏身之处。"

每当参加完政治运动的夜晚，徐僖拖着沉重的身子回到家，洗一把脸，便拿起专业书籍读起来。白天喧嚣远去，此时的屋里异常宁静。窗子开着，从外面飘来木兰的清香，空气中充盈着夏夜的凉爽、潮湿，他感受到了秋天的气息。

夫人为他在书桌上的盘子里放了一只盛冰茶的保温瓶。徐僖一边喝着清凉的茶，一边抬头对她微微一笑。每当徐僖对政治运动无法理解时，每当他感到孤单和无所适从时，他都会从夫人那里寻找到支持，一如当初恋爱时。

幸运并非没有恐惧和烦恼；厄运也决非没有安慰和希望。在这最紧迫的时刻，他的命运终于说话了：这样就够了。

徐僖很快迎来了发挥才能的转机。"十六条"明确提出："对于有贡献的科学家和科学技术人员，应该加以保护。"这条政策的实施使许多重要科学家化险为夷，也保存了他们的成果和相关实验设备。

20世纪六七十年代，在大西南腹地的重庆新建了许多军工企业，它们担负起了国家多个先进装备的设计和制造任务。然而，材料及其加工领域的很多技术薄弱环节暴露了出来，工厂技术人员又难以解决。

1970 年夏天，重庆一家军工厂遇到军工生产急需的技术革新和新材料研制等问题，当时在西南地区的材料专家并不多，该厂首先想到了徐僖。

听说他下放到邛崃劳动，便来函联系要求派他去重庆。很快，这个要求得到了上级批准。

徐僖喜出望外，立刻欣然前往。

在工厂里，他得以暂时挥别自己的处境，立刻废寝忘食地投入了研究。查资料，做实验，下车间，到现场……短短六年间，帮助工厂完成了多项研究任务。

第三节　渐入佳境

> 只要你保持清醒的头脑，时代的疯狂也不是真正的苦难。
>
> ——法国人文主义作家蒙田

徐僖来到厂里后，首先接受的是提高国产小口径步枪子弹质量的任务。当时，我国用于小口径步枪比赛的子弹全是从英国、联邦德国进口的。为了节省外汇，有关部门决定研制国产的小口径步枪子弹。

小口径步枪子弹精度要求高，实现高精度的一个关键因素是子弹上用于减小飞行时摩擦力的润滑剂涂层。原工艺使用的润滑剂是石蜡，石蜡的附着力差，子弹的射击精度不高。

于是徐僖带着十几个工农兵学员和教师，开始了对子弹润滑剂的攻关。他们将聚乙烯降解成氧化聚乙烯，用作润滑剂。由于氧化聚乙烯上有活性基团，附着力强，子弹精度大大提高，达到了英国、联邦德国进口的子弹的水平。这种新工艺在半年内迅速投产。

后来，这个军工厂又将高分子材料涂层用在本厂生产的某品牌运动弹表面，使产品达到了国际先进水平。该品牌运动弹在1979年的中国进出口商品交易会即广州交易会展出后，好评如潮，瑞典客商首先订货。1981年元旦，徐僖收到了工厂的来信，感谢他的发明为工厂吸引到许多外商订货单。

以后，军工厂的另一个技术难题又摆在了徐僖的面前。军工厂是我国各种规格的枪弹和炮弹的生产基地，但金属弹壳经过一段时间存放后，会氧化、锈蚀，变得脆弱而危险。所以，出厂之前，要对弹壳进行抗氧化处理，技术上称为"钝化"。

当时，重庆这家军工厂对废水的处理主要采用苏联的陈旧方法，处理用的药剂是强致癌物质，因此该车间生产枪弹底火壳的工人癌症患病比例特别高。而且，用这种工艺处理后产生的有毒废水通过小溪直接排入长江，严重破坏生态环境，危害民众身体健康。徐僖看着这条可怕的黄黑色小溪，决心要革新工艺，消除环境污染。

然而革新工艺风险很大。国家对子弹的质量要求很苛刻，如果因改进工艺而影响了子弹质量，是要按"军法"处置的。而且承担这个困难的革新项目，预计需要15年以上的时间，这需要承担者有足够的胆量和勇气。

可胆量和勇气是徐僖最不缺乏的，他毅然决然地承担起了这个项目。军工厂领导对他十分敬佩，表示全力支持他的工作。但上级却告知，这项工作难度很大，现有条件不足，只能靠徐僖和他的技术人员自己想办法完成。

很多人考虑到可能需要花费十多年的时间就开始动摇了，有些人也劝徐僖放弃，徐僖却怒怼："这是对子孙后代负责的大事，谢谢你们的好意，对不起，我必须做到，不要说10年，就是20年我也要做，退休了还可以回家继续研究！"

徐僖带领团队研究方案、进行试验

他像敢死队员一样头也不回地踏入战场。

由于徐僖平时非常关注国外科技动态，他选择了一种新型的钝化剂代替重铬酸钾和硫酸处理枪弹底火壳。这种新型的钝化剂是苯并三唑，无毒无害。试验很快取得了成功。

新工艺是在原有的设备上实施的，没花多少钱就实现了工艺革新，受到军工厂的热烈欢迎，并于两年后投入了生产。

由于这种新的钝化工艺，军工厂每年对长江的污染降低了一半，根除了钝化工艺中长期未能解决的铬污染问题。并且，完成"枪弹底火壳无铬钝化新工艺"这项艰巨任务，徐僖的团队仅用了三年时间！

第四节　大获全胜

历史的脚步匆匆向前，

把一切虚浮与疯狂的东西像空瓜子一般抛在脑后，

永远富有创造性地发展自己的力量。

——奥地利作家斯蒂芬·茨威格

连闯两关后，徐僖越干越来劲，又马不停蹄地接受了解决金属零件冷挤压成型工艺研究的任务。

当时，国内还没有可资借鉴的研究成果，徐僖所面临的已不再是理论上的突破，而是一个实实在在的技术难题。传统的加工方法一般是将金属材料加热后再挤压成型，类似铁匠铺几千年来沿用的工艺。

但是，重庆军工厂却遇到了难题，由于金属热胀冷缩，以及这种胀缩相关的机械性能的变化，导致成品强度不够，在火药爆破的冲击下极易破裂。若要冷挤压加工，又无法保证预定的形状和均匀程度。

为了解决这个难题，徐僖与技术人员、工人们一起夜以继日地进行研究和实验，最终发明了金属冷挤压新工艺。

这种金属冷挤压新工艺是一种先进的金属加工工艺，它与切削加工相比，具有节省材料、省工省时并能提高产品质量和工效等优点。

同时，为适应金属冷挤压新工艺的要求，徐僖和他的团队还发明了一种新型高分子润滑剂。

过去为了提高工件表面质量、降低单位挤压力和减少模具磨损，在冷挤压前必须对坯件进行表面处理和润滑。但是，旧工艺工序繁杂、酸雾严重、腐蚀性大、劳动条件差并污染环境。

　　徐僖选用以羧甲基纤维素为基础的高分子润滑剂润滑冷挤压的模具和工件，替代原工艺中的酸洗—磷化—皂化处理，效果良好。

　　新的高分子固体润滑剂具有水溶、无臭、无污染及容易清洗等优点，同时还具有很好的成膜性和可塑性，能大大简化生产工序，革除酸洗工艺，解决酸雾和废酸对环境的污染。

　　由于特殊的时代背景，徐僖的劳动和创造未领一分报酬，未得一笔奖励。在厂里吃饭，照样自己"掏腰包"，出"粮票"。他一直坚持到食堂里排队打饭，而且最爱打工厂食堂里最便宜的小白菜，每份 5 分钱。因为便宜，每到吃饭的时候，这个窗口总是人满为患，徐僖身体不好，但也常常站着排很久的队。

　　对此徐僖毫不在乎。他心中只有一个想法——千万不要虚度年华。从 1970 年到 1976 年的六年中，徐僖没有浪费生命，他以这些军工单位为基地，在高分子固体润滑剂、金属冷挤压工艺、运动枪弹涂层等研究领域做出了重要贡献。

　　1978 年，徐僖在人民大会堂举行的科学大会上受到邓小平的嘉奖。"枪弹底火壳无铬纯化新工艺"获 1983 年国家发明奖，"高分子固体润滑剂"和"金属冷挤压工艺的应用"等三项获得全国科学大会奖和四川省科学大会奖。

......

回首往事，我们能看出，历史的脚步总是匆匆向前，把一切不合时宜的东西像空瓜子般抛在脑后，永远富有创造性地发展自己的力量。

尽管在这些年里，徐僖的健康被破坏了，荣誉化为烟云……但他的信念依然完整。追求梦想的激情火焰在他瘦弱的身躯里燃烧得更加明亮。

他富有远见地把自己的精力转向科研，似乎早已预料到未来的一切——进步的、面向希望与未来的人终将占据上风，过去的历史必定失去优势。

最终，历史的意志和徐僖的意志共同取得了胜利。

"春风吹绿了大地，

原野上万马奔驰，

与其伏枥而空怀千里，

何如奋勉而追麒麟。"

——华罗庚

1976 年，党和国家拨乱反正，科学的春天终于到来，以下面四点为标志：一是政府充分肯定了科学技术的重要地位；二是广大科技工作者摘掉了"臭老九"的帽子；三是有效的规章、秩序得以恢复；四是"派出去，请进来"，科研人员相继出国参加学术会议，中断多年的国际交流、合作重新开始。

此刻，徐僖已近暮年。

人越到老年，时光之车就好像从高坡往下滑，一路狂奔不已。一转眼，就滑过了花甲，滑过了古稀，滑到了耄耋之年。人生到了这个境界，对时光的流逝更是惊心动魄。年轻时考虑问题是以年计，以月计，到了此时，更是以日计，以小时计，以分秒计。

徐僖一路狂飙至此，自然最懂时间即生命的道理。现在，他对时间就像守财奴一样，把一个铜钱劈成八瓣花。

他不愿在安逸中休息一分钟。因此，他走到了无限远的地方。

第七章 盛世·中华（1978—2013）

第一节　春回大地

没有一个整天埋头工作的科学家会想到自己已经老了。

在他们面前，死亡通知都望而却步。

——英国科学家彼得·梅达沃

在科学的春天里，徐僖意气风发。他的命运还要做到的事情是：在这热情如火的年代里，以"拼命三郎"的精神完成他未尽的使命。因此，他的精神状态仍在冲刺状态，总是忙，忙，忙，忙得无暇生病，也不敢生病。但病不管你有暇无暇，有畏无畏，到底不请自来。

1980 年，徐僖作为成都科技大学高分子研究所的所长，到甘肃玉门出席石油工业部召开的科学研究规划会议。他在小组会上满怀激情地谈了如何将高分子科学运用于发展油、气田的设想和规划。

主持这次会议的石油工业部副部长听了后，高兴地说："好！你的发言很好！开发油、气田，的确需要你这样的高分子专家。徐教授，你做好准备……"

徐僖突然感到胸部烧烫，喉头发痒，急忙离开座位，跑出会议室。血，鲜红的血从胸腔涌到喉管、口腔，喷洒而出。

尽管头晕目眩，他仍坚持回到会议室。他强打精神，支撑着身子，暗自祈祷千万不要晕倒，否则攻关任务就落实不到自己头上。

他异样的神情引起了人们疑惑的目光，于是他微笑着大声说："副部长，下达任务吧，我们一定能完成！"徐僖讲到这里，又一股血涌到嘴里，他赶忙咽下去。

会议还在进行，可徐僖不能待在玉门了。因为这几天咯血的次数越来越多，原因不明。那时，人们对咯血有一种莫名的恐惧，被看成是重病和生命受到威胁的象征。

徐僖生怕被石油工业部或开会的同事发现他在咯血。他绞尽脑汁掩盖真相，以有急事为由提前离会。

秘密保住了。石油工业部很快下达任务到成都科技大学高分子研究所，他咯血的毛病更顾不上治了。

徐僖时而带领同事到开发石油的荒僻现场深入调查，时而在研究所实验室里和同事们一起进行试验，时而到校外有关学术会议上交流经验。一年 360 多天，包括节假日在内，没有哪一天在晚上 12 点以前上床睡觉。

为了攻克这个项目，他似乎忘记了一切，咯血的次数也越来越多。

最终纸包不住火——"您在咯血呀！"经常接触徐僖的同事终于发现了他咯血的秘密。

徐教授被推上了现代医学仪器，检查结果是"癌！"

1980 年 5 月 20 日上午，医院通知他："明日上午九时开刀。"

徐僖明白事态的严重性，他也许下不了手术台了。于是他趁医务人员"看

呕心沥血为石化

守"不严之际，内穿病员白衣，外罩蓝布衣，"化装"回到了成都科技大学。

他慌忙跨进高分子研究所，改好《中国大百科全书》有关高分子化学方面的全文纲目，修改了一篇急于送审的科研文章，接见了研究所、系的一些同事，布置和交代了一些工作。

人们明白徐僖几乎是在做教学和科研工作的遗嘱，都不忍责备他偷偷跑出来的举动，只是低声劝说着：

"别担心，徐教授，快回医院去吧。"

布置完工作，徐教授主动"投案"，回到病房里。

5月21日清晨，徐僖从容地被推入手术室。命运给了徐僖公正的待遇，左下肺切除手术相当成功，开刀取出肉瘤，切片化验的结果是——良性。

医生令徐僖住院治疗三个月，再疗养半年。但那时正是重建学科、重建科研基地的关键时期，以徐僖的个性怎能安心躺在床上？两个月后，他不顾医生劝阻，又返回了工作岗位。

20 世纪 80 年代，徐僖对石油领域的贡献巨大。中国 44% 的油田都曾是他的工作地，徐僖为他们解决了二次采油和三次采油等重大项目技术，目前国内主要的输油管路使用的材料均是由他研制的。通过他的挂钩联系，中国石油天然气集团公司、中国石油化工集团公司等企业先后与高分子材料工程国家重点实验室联合组建了油田高分子材料研究室、高分子复合材料研究室等。

在这期间，徐僖主编了《油田化学》期刊，创作了《聚合物加工流变学》（译）、担任了《中国大百科全书》化学卷高分子化工分支副主编。

在这期间，徐僖当选为第七届全国人民代表大会代表、第八届九三学社中央委员、中国化工学会 35 届理事长。

在这期间，徐僖被授予"国防军工协作先进个人"称号、"全国高等学校先进科技工作者"称号、全国教育系统劳动模范称号。

1991 年，徐僖当选为中国科学院化学学部委员（院士），成为我国顶尖级科学家队伍中的一员。

第二节 老树新花

"我们看一个院士怎么看，

要看他选上院士之后是在第一线兢兢业业地工作，

还是当官了，出名了，下海了。"

——北京大学医学部院士

　　时光如流水般飞逝，转眼间徐僖到了耄耋之年。此时他已身为院士，年老体衰（只剩一只眼，半边肺），但依然没有收紧手中的缰绳。他相信，谁活得更急促，命并不短促。谁始终如一，生活的多样性也并不逊色。他在科学的原野上自由驰骋，竟又做出了一项重大成就——"固相力化学反应器"，并因此获得了国家科技发明二等奖。

　　这个大奖与他以前获得的国家自然科学奖二等奖①一起，成为他一生中获得的两个最重大的奖项。

　　固相力化学反应器的发明思路要追溯到徐僖青年时代。当时他还内迁到重庆万州地区的金大附中读书。万县是个乡村，常常有在南京和上海看不到的新鲜事物。

　　由于对贫苦农民的同情，他常常做些力所能及的活儿。有一天，他正帮人推磨，突然发现这些看似古老、粗陋的中国石磨却有着惊人的碾磨硬物的能力，能将坚硬的黄谷、大米、小麦、黄豆磨成很细的微粒。

---

① 超声辐射下聚合物的降解和嵌段（接枝）共聚。

四川大学校史馆·徐僖在高分子材料国家重点实验室

　　徐僖是个生活中的"有心人"。这个细节像砸到牛顿头上的苹果一样，引不起普通人注意，但是却让他产生了浓厚的兴趣。他打破砂锅问到底的脾气钻了出来，开始认真探索这种石磨强大力量的来源。

　　他仔细地研究了中国石磨后发现，上下两块石磨中各有八组凹凸相间的齿，这些齿不成放射状，而是分成八等分，相互交错排列，上石盘与下石盘的齿相同，但方向相反。磨子一转动，就不仅会产生二维的平面剪切力，还会产生立体的三维剪切力。这种三维剪切力可以把各种硬物碾得很细。

　　徐僖用这种石磨产生的三维剪切力与多种现代化的碾磨机比较，发现还没有一种碾磨机具有这种三维剪切力。常用的球磨机产生的力量是点状的，球磨机中的球体在转动中只能对加工物产生点对点的冲击力。剪刀则比球磨机技高一筹，使用的是二维剪切力。但是，无论是点状力或二维剪切力，对粉碎黏性极大的高分子材料都效果不佳。比如，韧性极大的废弃橡胶就很难粉碎，回收汽车轮胎再利用就成了一个世界难题。

徐僖想，能不能模仿中国石磨的工作原理，研制一种具有三维剪切力的固相力化学反应器呢？

于是，徐僖同他的研究团队开始了对中国石磨三维剪切力的细致科学分析。参加过这一项目研究的王琪教授说："看起来中国石磨很简单，但分析起它的应力作用原理，却是一项非常复杂细致的工作。"

在徐先生的指导下，他们通过很多次试验，对磨面结构参数和力学作用进行了深入的理论分析，终于研制出既能有效粉碎韧性高分子材料，又能实现固相力化学反应的磨盘形力化学反应器。

现代"中国石磨"——磨盘形力化学反应器，又被称为固相力化学反应器。"青出于蓝而胜于蓝"，这种固相力化学反应器的原理虽出自中国石磨，但它使用的材质，进行现代化大规模加工的超凡性能，都是中国石磨无法比的。

接着，徐僖同他的研究团队对他们发明的固相力化学反应器进行了应用试验。试验结果表明，固相力化学反应器具有强大剥离、粉碎、分散、混合、力活化和力化学反应等多重功能。

　　就这样，徐僖院士带领研究团队，从基础研究、小试到建成可连续生产的固相力化学加工示范生产线，历经了12年的艰苦探索，终于创建了这项令世界瞩目的高分子材料固相力化学制备和加工新技术。

　　目前，这项创新的技术已获得5项授权发明专利，如力化学反应器（专利号：ZL95242817.2）、力化学反应器（公开号：CN11305459）等。

第三节　展望新世纪

"高分子智能材料将使材料本身带有生物所具有的高级功能，

如预知与预告能力。"

——晚年徐僖

迈入 2000 年，徐僖年已八十，活在哪一朝哪一代，都是老寿星。八十岁的徐僖在干什么？最简单的办法，还是让我们追随媒体的足迹。

以下是 2004 年，徐僖为《国外塑料》月刊所做的有关国内外聚合物材料加工发展趋势的报道：

**跟踪世界先进技术
促进我国塑料工业发展**
——中国科学院院士徐僖先生谈聚合物材料加工发展趋势

本刊编辑：徐先生您好，您从事高分子加工技术领域研究工作数十年，积累了丰富的经验。作为高分子加工行业内的权威专家，请您谈一下我国聚合物加工行业的现状及我国聚合物加工行业与世界先进国家的差距。

徐僖院士：高分子材料具有许多其他材料不可比拟的突出性能，在尖端技术、国防建设和国民经济各个领域已成为不可缺少的材料，对高三大合成高分子材料（合成树脂、合成纤维、合成橡胶）的世界年产量约80%以上为合成树脂及塑料。目前我国已是世界合成树脂和塑料制品生产大国之一，但高档产品不多，附加值较低。产品品种比较单一，专利较少，加工应用研究能力量比较薄弱，塑料工业的总体水平与发达国家相比仍有一定差距。

本刊编辑：徐先生，您一直对世界先进的技术发展方向非常了解，请您给我们介绍一下近几年国内外聚合物加工发展的发展动态。

徐僖院士：塑料制品的成型取决于材料（树脂、加工助剂等）的选择和成型加工条件，塑料成型加工是门科学与工程紧密结合的交叉学科。

其任务是，了解材料的特性，确定最适宜加工条件、制取最佳性能产品，为合成或具有预期性能的树脂和助剂提供理论依据，服务制品性能。为高新技术的突破提供关键材料。近年来在国际塑料加工领域倍得注意的研究进展有：聚合物加工过程中聚合物结构（取向、结晶、晶态结构等）的调控、在流动测定理论分析；聚合物成材料制备新技术及相关理论、多层、多组分聚合物的共挤出、具流塑料技术理论、微型加工技术及设备、环境友好、生物可降解高分子材料的制备、加工以及废弃高分子材料的回收利用技术等。

我国在塑料加工新技术、聚合物纳米材料制备及新技术、加工过程中聚合物结构的调控、聚合物反应性加工等方面具有特色，受到国际同行的关注。与国外先进国家的差距主要是对聚合物加工过程的基础理论研究不够深入，在聚合物加工过程的计算机模拟、在线检测以及废弃高分子材料利用和绿色工程的实验等方面需要大力加强。

本刊编辑：作为从事高分子加工技术研究的专家，您认为中国塑料行业的研究单位应如何与企业结合，将先进的研究成果转化为生产力？

徐僖院士：美国、日本、德国、荷兰、法国、英国、加拿大等国家在高分子材料成型加工领域长期处世界先进水平，他们的理论和实践值得我们认真研究、理论紧密联系实际、有的放矢、研究单位与企业密切合作是取得显著成绩的重要因素。

本刊编辑：正是这样，所以中国塑料加工工业协会决心办好《国外塑料》这份刊物。现正在征集改稿、改版后，其服务对象是广大的塑料加工企业和工作在科研一线的科技工作者，突出体现资讯量大、实用性强的特点，为塑料加工工业的发展尽一份力。请您对我们刊物今后的工作提出您的看法和期望。

徐僖院士：《国外塑料》对于我们这样的塑料大国是很有必要的，是为广大塑料企业和工作在科研一线的科技工作者及时提供全球塑料原材料（树脂、加工助剂等）研制、生产、加工以及期刊市场信息的刊物，改版后为塑料大众供稿，为企业和科技工作者介绍更多、更及时的新技术、新产品，让我们共同努力，办这一刊物办好，为促进我国塑料工业走向世界，提升竞争力不断做出贡献。

北京服装学院校长廖青女士回忆，徐僖给过他们许多无私的帮助。他曾对冒昧拦下他请求帮助的廖青说："不管学校大小，只要你们肯努力，我就支持。"以下一则新闻是他于 2008 年为北京服装学院师生做专题讲座时的内容：

徐僖院士被聘为北京服装学院名誉教授 并为师生做专题讲座

2008 年 6 月 26 日，四川大学高分子材料科学与工程国家重点实验室所长、中国科学院院士、我国高分子化学、高分子材料专家徐僖先生被聘为北京服装学院名誉教授并应材料科学与工程学院邀请为师生做题为"通用化学纤维的高性能化研究"的专题讲座。

徐僖院士在讲座中介绍了用物理方法提高通用高分子材料性能、提高附加功能的研究。例如：利用超声波使聚乙烯醇（PVA）和丙烯腈（AN）形成嵌段共聚物，从而提高材料的染色性、吸湿性；也可利用"分子磨"的纯剪切作用将纳米 TiO_2 粒子掺混到涤纶PET中，提高纤维的各项力学性能。这些"辐射化学"、"力化学"等多学科交叉领域的研究是当前科学界关注的焦点，也是最易出成果的研究领域。

徐院士在讲座现场

讲座持续了近 2 个小时，徐僖院士虽已 87 岁高龄，但在整个讲座中挥洒自如、谈笑风生，以俭朴直白的语言介绍了高深、前沿的研究成果，令我校师生受益匪浅。

师生在讲座现场

2011 年，高分子论坛，徐僖与青年学子们在一起

2012 年 5 月 11 日，《成都日报》还报道了徐僖担当成都新材料高端智囊的消息。来自全国各地各领域的新材料业界权威聚首成都，共谋天府新区机遇之下，新材料产业如何有力助推成都打造西部经济核心增长极。

2013 年 2 月 15 日，大年刚过，徐僖就准备回学校工作。在儿子的劝阻下总算延迟了一天。晚上，他像往常一样把闹钟调至凌晨 5 点。

16 日上午 11 点多，徐僖突然感觉呼吸不畅，儿子扶他到床上休息。没想到，这一睡就再也没有睁开眼。

这位可敬的老人以最后的精力和最高的热情跑完了人生的全程。他为中国高分子界所做的贡献使他成了英雄的中华儿女。

徐僖身后极尽哀荣——追思会上哀思流淌，追悼会上济济满堂。命运最终赠送给这位经过考验的老人以最高的祝福。

20 世纪 70 年代，徐僖曾这样总结自己的工作特点：

一、靠本事吃饭，有本领到处受人欢迎；

二、强调个性发展，痛恨模仿抄袭；

三、要求精神痛快，重名而不贪利；

四、不愿事先恐慌，认为事先恐慌是避重就轻的表现；

五、反对形式，对不必要的规矩极不习惯；

六、痛恨包办代替；

七、要求公平合理，必须按劳计酬，名副其实；

八、痛恨琐碎及吹毛求疵，若动机纯善，小错误不必计较。

多年过去，这八大原则的字迹依旧力透纸背，它们读起来又是那样斩钉截铁、不容置疑。

它们奠定了徐僖一生的思想基础，延展出他所有人生轨迹。从此，他的每一步脚印，每一次跌倒，每一个欢笑，每一枚荣耀，都因这八大原则而来。

第八章 坚持原则 不骄不躁

第一节　荣誉

坚持你的主义，主义重于生命；宁愿生命消失，只要声誉能够留存。

——匈牙利革命诗人裴多菲

他坚信"靠本事吃饭：有本领到处受人欢迎"[1]。正因如此，在他坎坷而漫长的一生中，他始终一丝不苟地工作，竭尽全力地奋进。他非常瞧不起走旁门左道取得名誉的人，常常与同事和朋友说：

"摆在你们面前的只有两条路：一条是老老实实的工作，这是相当艰苦的，要下苦功夫的。另一条是跟着领导屁股转，靠吹捧拍起家。有的人呢，跟着领导屁股转，我看他们是要后悔的。最后必然是两袖清风，什么亦得不到。学校是教学单位，我们应该老老实实工作，不要怕艰苦，在学术上搞出名堂来。"

晚年，随着徐僖社会影响力的增加，向他请教的人很多。学术界、出版社及有关学术刊物常请他审阅稿件，有时一天就要收到几件，工作量相当大，但他都一一答复，极其认真地进行审阅，甚至连标点符号也不放过。

同时，他身兼二十多个职务，常常需要主持各种学术会议。从一张 1989 年 9 月中旬至下旬的行程表中可以看出，从 9 月 14 日到 9 月 25 日，68 岁的他在短短 11 天内便飞了五个城市——兰州、北京、南昌、上海和成都。

除了到各地参加学术会议以外，徐僖还坚持每天上班，早来晚走，寒暑假、节假日都不休息。2012 年，92 岁高龄的徐僖行走有些不便，却仍然坚持要求

---

[1] 徐僖，思想检查小结，徐僖档案卷 4。

相关人员上午 9 时准时来接送他到办公室，听取老师、硕博士生们的汇报，或到实验室检查、视察。

除洁身自爱以外，徐僖亦从不吝惜以任何代价去维护自己的荣誉。正如原则三写的那样，他"要求精神痛快""认为名位若不相称必将引来群众不满致使精神上遭受苦痛"。

年轻时他曾义务帮助一家酒精厂设计蒸馏部分。筹备期间才发现厂主均为"地主""奸商"。他虽非常气愤，但却不愿离开，因为他考虑到半途而废会让人怀疑设计有问题，令自己在学校的威严扫地；而且他认为这也是为广大的消费者负责，因为劣质产品的直接受害者是广大的消费者。于是他不顾爱人带着孩子离开的抗议，忍气吞声，昼夜不停地将筹备工作赶完。开工后第二天，便将厂主痛快地教训了一顿，愤而离去。[①]

随着社会地位的提高，徐僖对荣誉的捍卫也提升到国家的高度。1989 年，为了争取 1991 年度的亚澳地区高分子会议如期在上海召开，徐僖专门赶到法国和竞争对手进行辩论。

会议开到一半时，主席团代表到会议室休息。这时，参加竞争的一名日本代表拿出名片恭恭敬敬地向每个人分发，走到徐僖面前时，却不太礼貌地单手

---

① 徐僖当时在重庆大学教化工设计和化工热力学等课程。

递上名片。徐僖毫不犹豫地拿起名片，重重地摔在地下，狼狈的日本学者连忙捡起来重新双手递上。

另一次是1990年4月，徐僖到法国尼斯出席第六届国际聚合物加工学会（PPS，全球高分子材料与加工领域最大的学术组织）年会，向大会执行委员会汇报有关1991年亚澳地区PPS会议的筹备情况。

谁知，徐僖刚汇报完，少数不友好的人攻击中国局势不稳定，不安全，反对1991年会议在中国召开。还有人认为"中国高分子水平不高"，年会没有必要在中国召开。还有人指责中国穷，想靠办会赚钱。

各种反对意见交织，会场秩序陷入混乱，渐渐形成否定气氛。一个已经确定了的会议被如此否定，徐僖怒火中烧。但他冷静地走上讲台一字一句地说：

"据我所知，在我们中国召开的所有国际会议都没有发生过代表受到威胁的事件……本届学会主席德国弗瑞兹教授1989年9月曾到中国几大城市讲学、旅游，可请弗瑞兹教授谈谈他的见闻和感受。今年6月，加拿大国家科学研究院工业材料研究所乌查斯基博士亦将偕夫人到中国讲学、旅游，也请乌查斯基博士谈谈他的想法。"

短短几句话，自信而有力，立刻吸引住与会代表，会场鸦雀无声。

接着，他又向代表们介绍了中国高分子科学迅速发展的状况；针对代表提出的问题，就会议规模和预算做了详尽的说明，消除了部分代表的误会。

之后，弗瑞兹教授发言，愉快地回忆了 1989 年 9 月到中国几大城市讲学、旅游的亲历，说明他完全没有不安全的感觉。乌查斯基博士则激动地谈他期望的中国之旅。

第二天上午，韩国代表首先发言说："我国和中国尚未建立外交关系，但疆土毗邻，我们知道徐僖教授是一个很有威望的学者，他的话令人信服，我们支持会议在中国召开。"其他国家的代表也纷纷响应。最后，执行委员会通过决议，1991 年国际聚合物加工学会亚澳地区年会按原计划仍在中国上海举行。

徐僖一生在国际、国内学术会议上作大会报告和邀请报告 100 余次，担任国际、国内学术会议主席 20 余次，担任了 2000 年国际聚合物加工学会年会主席以及 2007 年亚澳地区聚合物加工学会会议主席。他用自己的魅力、品格和学识赢得了国际对中国高分子界的尊重。

徐僖主持第 16 届 PPS 年会（2000 年）

第二节　公正

> "反正我这一生是不得好死的，有啥意见我都要说。"
>
> ——徐僖

一旦发现有不公之事，哪怕事不关己，徐僖也会义正词严地批评。

例如，他"要求公平合理"①。20 世纪 50 年代初期，他对部分老教授以强调过去经验成就为能事，企图继续把持埋没人才的做法颇为不满，公开道："反正我这一生是不得好死的，有啥意见我都要说。"

他"痛恨模仿抄袭"②。研究塑料时，他虽对配方秘密防范森严，却乐意将自己的讲义送到工厂和机关。见到有人把自己的名字加入别人编写的讲义中，便严肃地指出"盗窃别人的劳动果实，品质恶劣"。

他还"强调个性发展，痛恨琐碎和吹毛求疵"③。

由于坚信自己向来光明磊落，徐僖也希望得到别人的同等对待。如化学家总把不计其数的化合物分解成为数不多的元素——徐僖爱把生活也简单化，为的是去统治它，令它为自己的事业服务。

因而他对一些不必要的规矩极不习惯，认为是不信任他的表现，亦会拖他后腿。例如，在授课时，他认为同学上课吸烟或赤膊均无所谓。工作上，他主张办事程序从简，要有利于工作的开展，因此，他特别反对教条主义和官僚主义。当上级让他打报告，徐僖一旦认为按教学计划办事，没必要写报告时，便会与上级据理力争。

---

①②③ 徐僖，思想检查小结，徐僖档案卷 4。

徐僖——铁面无私的鉴定专家

作为一个高分子力化学研究者，他或许发现，既然任何生活都要消耗同样数量的力，那么与其把意志浪费在琐事上，不如耗费在工作中。

他坚信"若动机纯善，小错误可不必计较"[①]。因此与人冲突和受到批评后，他就想"如果就事论事，我并没有错，只不过我态度粗暴了一点而已"。这让别人十分无奈，但他却毫无所谓，继续埋头苦干。

---

① 徐僖，思想检查小结，徐僖档案卷4。

第三节　骄傲

"不到一定的级别，还不够资格挨骂"

——四川大学师生忆徐僖

必须考虑到，徐僖从一开始就是一个极其"骄傲"或者说"清高"的人，当一连串的成功助长了他的"清高"时，他便会表现得让人难以忍受。

亲人对徐僖这一脾性的印象是：

"过去一般知识分子清高的习气较重，现稍有改变。其性情较直爽，但不讲究方式方法，常会使人初接触若难堪。"[①]

而这个特质到社会上就得不到如此的宽容和谅解了。

有一个时期，学校同事、领导对徐僖的印象就是坏脾气。当学院选拔留学生出国学习没有从他们教研组选拔时，他不满；当苏联专家来教研组讲学，为抄写苏联专家工作计划的事，他也不满；甚至为一些搬运黑板、挂图架之类的小事也常常生气。

所有容易触动徐僖情绪的事情中，他最不能忍受的是别人质疑他的工作。有一次他竟然冲进会议室破大声说道："你们看不起我徐僖，看不起塑料的实验员……"不容人辩解，说完便走，导致会议停开。

徐僖不光敢对领导"雷霆万钧"，普通人一旦触犯了他的工作原则，他也会毫不客气。有一次，一个教授和一个普通员工在讨论一项工作任务，徐僖认

---

① 瞿也朔，"关于徐僖的情况介绍"，徐僖档案卷4。

为此工作安排不合适，员工欲解释，他便说道："你是啥子人？能否负起这个责任？你出去！"

"清高"带来的弊端不仅有任性，还有主观。或许，正是因为沟通不畅，所以给他增添了许多莫须有的烦恼。

第四节　谦恭

对富贵豪强的人悲悯很难，对贫贱残弱者的谦卑更难。

——台湾作家林清玄

我们曾无数次看到影视文学作品中描绘的那些场面：一名仪表堂堂高大威严的男子，半鞠躬地拉开马车的门，面带微笑地目送一位老态龙钟的平民上车。这便是高尚与谦卑的写照。

徐僖正是如此。他天生拥有一颗同情弱者的柔软心灵，从未因他的社会地位发生变化而改变。要不是他常常控制不住自己的坏脾气，他可能是天底下最可爱的人之一。

20 世纪 50 年代创建重庆棓酸塑料厂时，他就对厂里的工人说："我们一起抬东西，以后敲沙在一起。"

当 20 世纪 60 年代他已是知名教授兼系主任时，他对新进的塑料组实验室员小余关怀备至，给他倒水、送烟、买零食，逢年过节请他吃饭，给予毫无保留的热情。当学生需要开夜车时，他敞开大门让学生去自己家，保证"有烟有酒，电灯通宵"。

20 世纪七八十年代，徐僖垂垂老矣，但他总是记得自己见过的人，哪怕只有一面之缘。小辈想要拜会他，他总是约能让小辈方便的时间，还给大家准备茶果点心，待下次见面时仍记得别人喜欢吃什么。

2012 年 11 月，我在徐僖家中对他进行采访。他神态沉静，交谈时则露出

直言不讳

亲切的微笑。期间我调整录音笔开关，他便立刻礼貌地停下讲话，执意等待我调整完毕才继续。临别时，徐僖执意把我送到门口，歉意地说："不好意思，说了这么久，水都忘了给你倒一口。"我请他老人家快留步。下到楼梯转角时，我回望了一眼，只见徐老还开着门望着我，好像担心我会迷路似的。

那时的徐僖已快 93 岁了。

对徐僖的谦卑，施楣梧将军有很好的总结：

"徐先生是高分子材料界的泰斗，但特别平易近人，甚至能感觉到，徐先生对越是处于底层的人（如同我这样的初出茅庐的新人）越客气越礼貌，没有半点架子。

"先生还有一种让人敬佩的风格，就是他看到不对的事情，都会直接批评，但如果中间有一些原因，批评错了对象，即使这个人只是一个工人，先生都会非常真诚地道歉。先生身份这么高，年纪也这么大了，还能做到这一点，真的叫人非常感动。"

细心指导研究生

第五节　虔诚

发已千茎白，心犹一寸舟。

——南宋末诗人汪元量

徐僖的书桌上，放着一部老式电话、旧订书机、涂改液、钢尺子和一个放大镜。铺在桌面上的平板玻璃右下角碎了，又用透明胶带粘了回去。就是在这里，徐僖日复一日地虔诚工作着。

早些年身体尚能负荷，他便伏在这张书桌上给学生批改文章。由于徐僖在20世纪世纪70年代因为疲劳失去了右眼，他需要借助放大镜才能将学生的文章看清。但这丝毫不降低他对学术的严谨要求——在许多学生的回忆里，徐僖乐于在学生的文章上做大段红色的批改。

"小到标点符号，论文注解的格式，英文拼写，他都会给你改。"高分子材料国家重点实验室的同事王琪说，"这和他自己的研究一样，每个实验数据都要反复核对验证，容不得一星半点的'不对'。"

向明教授是徐僖院士带的第一批博士，他用"严谨""勤勉"来形容恩师。"他每天8点就到实验室，比学生还早。"

师生们还回忆，全校只有徐僖的实验室实行翻牌考勤制，每天早上他都会站在门口亲自考勤。

第六节　坚毅

万事皆由人的意志创造。

——罗马诗人普拉图斯

在徐僖侄孙女的记忆里，爷爷是一个特别幽默也特别勇敢的人。家人聚会，他会时常讲笑话逗大家开心。

"他不会让你看到他的痛苦，但是你痛苦的时候，他总是比别人先发现。"有一次，徐女士告诉徐老自己有一颗牙出了问题，徐老关切地询问起症状，告诉她得立即去医院检查，还突然把自己的假牙取出，分享起自己的补牙经验。谈起爷爷的这个举动，徐女士的脸上一扫亲人离世的阴云，露出会心的微笑。

在徐老离世前的日子里，他还时常打电话给徐女士，关心她的牙齿是否医治好了，身体状况怎样。"比我自己的家里人问得都多"，徐女士感叹道。

但是徐老自己的身体状况并不好，为了不让家人担心，他甚至从来不要求别人搀扶。每次出行，家人都是默默走在徐老身旁。"爷爷累了自己会挽一挽别人的胳膊，但是别人提出挽着他走，他却总是拒绝。"

"在他的身上，你甚至感觉不到他是一个生病的人。"在徐女士的眼中，"爷爷就怕别人担心他，很多疼痛都自己忍住了。"

徐老的儿子感叹，有时候觉得老爷子的身体"发动机"转动得比自己的还要好。但大家心里都明白，这台"发动机"的能量其实远远不是身体供给的，而是来自徐老坚强的意志。

第七节　牺牲、怜悯

如果你在任何时候，任何地方，

你一生中留给人们的都是些美好的东西，

那你的生活将会轻松而愉快。

——俄国作家高尔基

走进徐僖的办公室，你会发现他的书桌和其他家具大部分是在 1988 年左右由学院购入器材的木质包装箱改装而成。这间办公室里的新家具不过只有一把软椅和一盏新台灯，软椅是因为徐僖曾饱受骨折的困扰，而台灯是为了照顾

徐僖资助的贫困学生和贫困大学生名单

受资助学生的感谢信

他并不那么好的视力。"这灯的臂长，先生看东西凑得近。"四川大学高分子材料国家重点实验室的王琪教授说道。

书房里还堆了一些学生的来信，大多是希望能获得指导的论文。"这么多年，先生摘抄的所有稿纸皆是两面用。"王琪提到。

虽然自己很简朴，但徐僖对学生很大方。他这些年所获得的各种奖金，都由实验室专人保管，用于资助贫困学生，奖励优秀学生。1992年他用自己的钱建立了"攀登"奖学金，并延伸出了助学金，用这些奖助学金帮助贫困优秀的大学生完成学业。该奖助学金从创办至今，已经资助了三四十名研究生。

2003 年，徐僖获得四川省科技杰出贡献奖，四川省奖励他 50 万元。他将奖金全部捐出，其中 30 万元资助四川省在读的大中小学贫困学生；20 万元捐献给"攀登"奖学会和助学金。

1998 年发生特大洪灾时，徐老立刻捐款数万元。2008 年四川发生大地震时，徐老更是出资上万元帮助灾区人民，不仅如此，他还单独捐助灾区。一名都江堰的研究生因为受灾严重，并在地震中痛失亲人，徐老热切关怀该学生的处境，并单独捐助数千元给他，希望能够对他的学业有所帮助。

第八节　奔向朝阳

不管饕餮的时间怎样吞噬着一切，我们要在这一息尚存的时候，

努力博取我们的声名，使时间的镰刀不能伤害我们；

我们的生命可以终了，我们的名誉却要永垂万古。

——英国文学家莎士比亚

关于徐僖的内心世界，有一点不得不提到，即他具有极强的个人色彩，个性鲜明。

徐僖年轻时就有极大的梦想，他曾总结自己：

"在学术上有极浓厚的成名成家思想。我对政治无兴趣，一心想在所从事专业上轰轰烈烈地大搞一番，争取成为一个永垂不朽，流芳千古的科学家。"[1]

他甚至提出"三十岁决定论"："一个人如果在三十岁前搞不出什么名堂来，以后亦不会有什么希望""人活到四十岁还没有什么成就，死了也无所谓。"[2]

在这种急迫的心情下，徐僖总是争分夺秒地工作。从南京到上海，上海到美国，美国到新中国初期的艰难岁月，再到科学的春天……他怀揣理想一路狂飙。

晚年的徐僖也没慢下来的迹象。四川大学高分子学院退休教师王槐三教授回忆道，在徐僖 90 岁高龄之际，住在四川大学南苑小区的人们还会在早晨看到这位身材高挑、脸庞消瘦、腰板却相当挺直的老人缓步行进在从家到办公室的路上。他几乎没有别的爱好，"除了看新闻和天气，便就是读书"。大儿子买

---

[1][2] 徐僖：1958 年，整风运动思想总结，徐僖档案卷 5。

了一辆旧面包车，经常哄着父亲出门去晒太阳。平时徐僖也并不健谈，只有提起专业时才会滔滔不绝，常一说说上两个小时。

"工作就是他最大的爱好"，亲友、同事都这样评价他。

对徐僖的拼命，有人感动，有人轻视。特殊年代有人曾说："徐自称为党熬夜工作，实则是为了满足自己全国闻名的个人欲望。"

他们批评他道："徐僖曾讲：'我们搞科研，搞出去是我们自己的。让他们（青年同志）去搞教学，忙得两脚朝天。'"

"在他早年的科学研究中，总一心找冷门，希望一鸣惊人。有一次他选用物理方法研究高分子降解接技，支部多次找他商量，要从实际出发，他坚持要搞，结果未成功又不得不改为化学接技。当时化学接技不少青年教师在搞，一位青年教师不客气地指出徐僖不愿与青年教授一道'是怕被人占去名誉'。"

还有人讲："他和别人都处不拢。"的确，徐僖以过于自我而著称。但自古英雄相惜，其实徐僖十分尊重有能力的人。一旦看到"英雄"，就会"想办法把他拉过来"。只是，能符合他要求的人实在太少了。

翻开陈旧的档案，徐僖的缺点鉴定栏里首先一条总是"个人英雄主义"，他常常为此做检讨，一路磕磕绊绊。"个人英雄主义"在中国历来不好听，在那个年代更是成了靶子。

在所有的冲突中，1958年"棒打西瓜园"是最惊险的一幕。他最终"被打败了"，却从未被征服。就像他告诉过我的那样："如果你死了，谁给你平冤？！"

他就像海明威的小说《老人与海》里的主人公，尽管他的影子是孤独的、矮小的，但他并不畏惧向浩瀚大海发起挑战——不顺应自然，而要征服自然，征服命运。在许多大师不堪其辱而自杀的年代，正是这种顽强的"个人英雄主义"精神让他撑了过来，迎来了生命的柳暗花明。

他亦像极了那位英勇的老人——既不服输，也不服老。在《老人与海》中，主人公的年龄格外意味深长——连衰老的人身上都有不可战胜的力量，何况是年轻人？

年龄与其生命力量是不相关的，这也是徐僖晚年的思考模式。他曾于83岁高龄之际写下这样一句话："我没有风烛残年之感，亦没有仅能发挥余热的凄凉。"他用"老年是青年的开花季节"比喻自己愿意为"树立我们中华民族在高分子材料科学与工程学科领域在国际上的声誉和地位"而继续奋斗的决心。

老年徐僖

纵观徐僖一生，不正是这种抢眼的"个人英雄主义"精神使徐僖攀上了人生巅峰，为人民做出伟大贡献吗？借助科学的伟大而在后世心目中成为伟人，是他唯一的"虚荣心"，也是世间种种虚荣心中最无害的一种。他只是真切地为高分子的未来而活着，别的任何都不能打动他的心；当身边人像流星一样燃烧自己的生命时，清醒而富有先见之明的他却将自己的全部力量献给了高分子领域的未来。

随着时代迁移，国人对"个人英雄主义"必将逐渐宽容。尽管我们需要防止其走向团队精神的反面，但任何一个伟大的国度都需要这样有血有肉、意气风发、带着可爱弱点的英雄，群英辈出是人民最大的福祉。

当历史的镜头转向 2013 年 2 月 16 日 14 时 01 分，我注视着这样一位老人缓缓出现在画面中：他重名，他轻利；他公正，他怜悯；他虔诚，他坚毅；他谦恭，他骄傲——他像一位勇往直前的勇士，策马奔向朝阳。

徐僖先生因呼吸心跳骤停，经抢救无效，于 2013 年 2 月 16 日 14 时 01 分在成都家中不幸逝世，享年 93 岁。

——讣告

2013 年 2 月 22 日上午 9 时，成都东郊殡仪馆庄严肃穆，哀乐低回。徐僖先生的亲属、同事、学生、好友及社会各界人士上千人在这里举行了徐僖的遗体告别仪式，向这位中国杰出的高分子化学家、著名教育家寄托无限的哀思。

徐僖先生遗体安卧在鲜花翠柏丛中，面容安详，身上覆盖着鲜红的中国共产党党旗。黄白相间的菊花、散发着淡淡清香的百合，犹如一只只依依不舍的手臂，想要挽留住老人远去的脚步。

从礼堂四周一直到大门外，摆放有温家宝、李克强、张德江等国家领导人以及中央组织部，教育部，九三学社中央委员会，中国科学院，四川省委、省政府，成都市委、市政府等单位送的花圈。

　　四川大学常务副校长李光宪教授主持仪式。四川大学校长谢和平院士介绍了徐僖先生生平事迹。谢和平说："徐僖先生被誉为'中国塑料之父'和'学科领路人'，是我国高分子材料事业的奠基人和开拓者。他研发了我国最早的自制塑料，创建了我国第一个塑料厂，创立了我国第一个塑料专业，创建和发展高分子力化学新理论、新技术；率领团队研究解决国防军工、石油和石化系列重大工程技术问题，为我国高分子材料工业从无到有并发展成为国民经济和国防建设的重要支柱做出了卓越贡献。"

　　除徐僖先生家人以外，在遗像前肃立的还有中国工程院院士、中国人民解放军总后勤部军需装备研究所周国泰将军，中国科学院院士、上海交通大学颜德岳教授，中国人民解放军总后勤部军需装备研究所施楣梧将军等领导及来宾。

　　上午10时，参加遗体告别仪式的所有同志，依次缓步到徐僖先生遗体前，在深深的鞠躬中与这位备受爱戴的科学家、教育家做最后的道别，瞻仰先生遗容，与其亲属一一握手，表示沉痛哀悼和亲切慰问，愿徐老一路走好，千古永垂。整个现场悲恸泪洒，无语凝咽，哀思缓缓流淌。

　　在徐僖先生逝世后的几天内，治丧委员会收到了国内外发来的数百封慰问函。连日来《光明日报》《中国日报》《中国青年报》和凤凰网、新华网、新浪

悲恸的徐僖先生的长子

徐僖先生的孙辈致辞

参加遗体告别仪式的同志

网等众多新闻媒体对徐僖先生逝世及各界缅怀悼念活动做了报道。

（节选自川大在线："川大师生及各界人士泪别'中国塑料之父'——徐僖院士遗体告别仪式在蓉举行"）

対于《塑料之父·中国科学院院士徐僖传》的完成，我要感谢许多人的帮助。这个名单可以列很长，例如家人，例如许多接受过我采访的前辈和帮助过我采访的朋友们。

但此刻，我最想感谢的还是支持我选择这位传主的胡老师。如您所言，徐僖一生果真跌宕起伏。

我还想郑重感谢四川大学档案馆的老师们，允许我翻阅那厚厚五大本的珍贵资料长达一周的时间。当我掀开那一页页泛黄的资料时，才发现真相并非如想象中那样"扑面而来"。庞杂的内容和难以分辨的字迹减慢了真相走来的脚步，我也必须放慢自己一目十行的习惯，从字里行间中看真相潺潺流出。

尘封的历史就像小溪一样，七拐八绕，常常拐着拐着就不知所踪迹；当我寻过去时，又突然间柳暗花明，泛起惊涛骇浪。

这些资料加上对徐僖本人的采访和外围采访，这一切的一切都让我觉得他和我想象中的不一样。他并非完人，他比那张吸引我进入他世界的沉默照片上多了"急躁""苛责"和"虚荣"。他

后记　大师的长镜头

143

爱名利，但他爱的名利并非来自于俗世，而是科学世界。

说他不普通？其实也普通。这就是一个心心念念要把自己工作做好的人。他不畏强权，自由不羁，在20世纪50年代中国尚处于混乱蒙昧时期就提出了"天才教育"的概念以及以"靠本事吃饭"为首的八项工作原则。

记得他有一篇检讨，上面记录了很多条"我曾说"。每一条"我曾说"，都深深打动着我。这不是检讨书，而像是故意留给后世的表白书。徐僖是聪明的，他知道后世会给他公正的评判。如果那个时代的人稍微有点判断力，都断然不会让它们写进档案。好笑之余，看着他被时代潮流和庸俗愚蠢的人蛮横地扭转着自己的性情，我的心都在颤抖。

从各路庞杂的资料中，我吃力地辨明着徐僖人生的轨迹。我看到他一直在前进，却一直没改变。他就像一颗钻石，本质单纯，外观复杂，在不同时期展示出自己不同的棱面，而其坚硬的核心始终如一——这是一位极具个人色彩、性格鲜明的人。他傲然屹立，策马狂奔，七十年如一日地勇于开拓、追求真理，为我国高分子材料工业从无到有并发展成为国民经济和国防建设的重要支柱，为推动高分子材料及相关学科的教学与科研做出了卓越贡献。

徐僖生平主要学术成就

1. 在国际上首次发明生物质塑料——五倍子塑料，开创了高分子材料制备新领域，研发并工业化我国第一个塑料，创建我国第一个塑料厂，创办我国第一个塑料专业，撰写我国高校工科第一本高分子教科书，成为我国高分子材料事业的奠基人。

2. 创建和发展高分子力化学新理论、新技术，是国际高分子力化学的引领者之一。

3. 提出高分子材料系统用于油田开发的思想，发明了系列新技术，是我国油田高分子材料的主要开拓者。此外徐僖先生及团队还取得以下重要科研成果：20世纪80年代中期，他与刚成立的中石化联合建立了高分子复合材料研究室，创办和主编了《高分子材料科学与工程》期刊；20世纪70年代初，研制高性能高分子材料，解决国防军工技术难题。

4. 对我国高分子材料学科发展和人才培养做出了突出贡献，奠基和发展了我国高分子材料事业，大力提升了我国高分子材料科学与工程研究在国际上的影响力。

徐僖年表

1921 年

1 月 16 日出生于江苏省南京市。

1934 年—1937 年

就读于上海育才公学。

1937 年—1949 年

就读于南京金陵中学。

1940—1944 年

浙江大学化工系学习，获工学士学位。

1945 年

任唐山交通大学矿冶系助教。

1946—1947 年

任上海光华大学化学系讲师。

1947—1949 年

美国李海大学化学化工系学习，获科学硕士学位，并于 1949 年回国。

1950—1953 年

任重庆大学化工系副教授，兼任重庆栲酸塑料厂副厂长、总工程师。

1953 年

栲酸塑料研制成功，中国有史以来的第一个用自己原料进行生产的栲酸塑料厂正式在重庆开工生产。

1954 年

在四川化工学院开设了我国高等学校第一个塑料专业课——高分子化学原理。并于同年起历任四川化工学院、成都工学院教授；成都科技大学（现四川大学）教授、副校长、高分子材料系主任、四川大学高分子材料工程国家重点实验室负责人；上海交通大学教授、高分子材料研究所所长；国家教委科技委员会委员，国务院学位委员会非金属材料学科评议组召集人，国家自然科学基金委员会有机高分子材料学科评议组召集人，中国化学会理事，中国化工学会第35届副理事长；第三、五、六、七、八届全国人大代表；《高分子材料科学与工程》及《油田化学》

等期刊的主编。

1970 年至 1976 年

接受重庆军工厂"提高国产小口径步枪子弹质量""枪弹底火壳无铬钝化新工艺"和"金属零件冷挤压成型工艺研究"的攻坚任务，均顺利完成。

1978 年

在人民大会堂举行的科学大会上受到邓小平的嘉奖。

1980 年

参与甘肃玉门石油工业部的科学会议并接受石油攻关任务。同年 5 月因病危而咯血住院。

1980 至 1990 年

与其团队对石油领域的贡献巨大。1983 年"枪弹底火壳无铬纯化新工艺"获1983 年国家发明奖。"高分子固体润滑剂"和"金属冷挤压工艺的应用"等三项获得全国科学大会奖和四川省科学大会奖。

1991 年

当选为中国科学院化学学部委员（院士）。

1994 年

带领团队研究"固相力化学反应器"，并于 2006 年获得了国家科技发明二等奖。

2006 年至 2013 年

坚守四川大学高分子材料国家重点实验室的工作岗位，并积极参与各类学术研讨会，举办讲座，为有需要的学校和社会机构提供无私帮助。

2013 年

2 月 16 日 14 时 01 分——因突发呼吸心跳骤停，经抢救无效，不幸逝世，享年 93 岁。